um para o outro

PRODUÇÃO EDITORIAL
mapa lab

CAPA, PROJETO GRÁFICO E DIAGRAMAÇÃO
Sérgio Campante

ILUSTRAÇÕES DE CAPA E MIOLO
Sérgio Campante

REVISÃO
Marcella Sarubi

IMPRESSÃO E ACABAMENTO
Grafitto Gráfica

Dados internacionais de catalogação na publicação (CIP)

A681p
Arena, Carla.

Um puxa o outro : como construir comunidades colaborativas de aprendizagem / Carla Arena. – Rio de Janeiro : Mapa Lab, 2024.

168 p. ; 16 cm.

Edição realizada pela Mapa Lab em colaboração com LERCONECTA.

ISBN 978-65-86367-72-0

1. Comunidades 2. Aprendizagem I. Título.

CDD 307

Bibliotecária: Ana Paula Oliveira Jacques / CRB-7 6963

contato@mapalab.com.br | www.mapalab.com.br

/amapalab @amapalab

contato@lerconecta.com | www.lerconecta.com

/lerinstituto @lerconecta

CARLA ARENA

um para o outro

COMO CONSTRUIR COMUNIDADES COLABORATIVAS DE APRENDIZAGEM

LERCONECTA

mapa lab

Para os grandes amores da minha vida, Rodrigo, Dudu e Caio,
que me acompanham sempre e me ensinam todos os dias.
À minha parceira de todas as horas e de muitas loucuras, Samara.
À minha família e amigos, para que conheçam um pouco do que eu faço.
À comunidade mais generosa desse mundo, os Webheads, que me
ensinou muito sobre o aprender social e conectado.
À Carol e Martha, que acreditaram e não me deixaram desistir.
Aos parceiros e clientes que me confiam suas comunidades.
Dedico esse meu legado em forma de livro a todos os otimistas que
acreditam que no social nos elevamos e nos fortalecemos.

Sumário

TECENDO NOSSOS SENTIDOS COLETIVOS, por Clarissa Fernandes 7

INTRODUÇÃO

Ao redor da mesa, comunidade 12

O Eu e o Nós 14

Espaços de troca, aprendizagem e valor 18

Sua parada, suas comunidades 22

Comunidade florescendo, começa onde? 28

À espera de uma liderança 33

A cartografia de uma comunidade vibrante e pulsante 42

CONTEXTO

O contexto e a técnica de guerrilha 50

Na prática, entendendo o contexto 62

CONEXÕES

A razão de ser e linguagem da coletividade: conectando pontos em comum 72

Na prática, dando liga à comunidade 82

O chão de uma comunidade: confiança 89
O tom das conexões: a causa, a missão e o manifesto 98
Na prática, a criação do Manifesto 103

CURADORIA

A sistematização como conexão de pontos 110
Por onde iniciar essa sistematização? 113
Visualizando a arquitetura de informações e curadoria em uma comunidade 116

DOMÍNIO

Ao experimentar e trocar, aprendo com o outro 124
ProfLab, a comunidade na prática 134
Desenvolvendo uma atitude *sandbox* para a aprendizagem 139
Na prática, ideias para a aprendizagem colaborativa na caixinha de areia 142

COMUNIDADE

Os desafios e caminhos de uma comunidade 154
Manifesto para Comunidades Impulsionadoras 160

A INQUIETUDE QUE NOS UNE, por Samara Brito 163

Tecendo nossos sentidos coletivos

Clarissa Fernandes

Antropóloga, educadora, e aconselhadora biográfica

Comunidade é coletivo que sustenta cada um, e cada um sustenta o coletivo da comunidade. Comunidade é viver em comunhão com os outros. A alteridade, qualidade de ser outro, diferente, diverso, é do que é feita uma comunidade. Mas não só disso. Comunidade é alteridade que escolhe tecer teias de significados juntos todos os dias. Comunidade prescinde de viver junto para sobreviver. Foi assim que nós seres humanos chegamos até aqui na jornada evolutiva dos *sapiens*. Em nossos primórdios, passamos a caminhar eretos para enxergar melhor as ameaças que nos chegavam na mata ou na savana. Mas não só isso. A postura ereta nos livrou as mãos, e passamos a poder correr com o alimento e carregar a nossa prole. Os mais fortes na comunidade protegem os mais fracos, os mais vulneráveis. As fêmeas e os filhotes, os velhos e os enfermos.

Entendemos que o viver junto, que o viver nesse coletivo, nos ajuda a sobreviver. Mas não só isso. Com a nossa capacidade de simbolizar, criamos linguagem que nos permitiu comunicar de maneiras gradualmente mais complexas. Fomos criando linguagem, símbolo e nome para o mundo em que vivemos. E nesse processo fomos também sendo criados. No ato de tecer teias de sentido, a experiência vivida e os fenômenos que nos cercam são os fios, a linguagem é a própria habilidade de tecer, de dar forma, de tornar (re)conhecível.

Comunidade é visceral, é garantia sem a qual não poderíamos sobreviver. Precisamos do outro, na figura da mãe para nos acolher e nutrir quando nascemos. Sem isso, nossas chances são mínimas. Nossas chances aumentam conforme essa mãe também se veja como parte de um grupo que a apoia e dentro do qual se constitui "mãe". A comunidade cuida de seus membros, pois sabe que sua própria existência, do todo, é a existência do um. Comunidade inventa junto um sentido para se estar vivo. Sonha junto uma origem de todas as coisas e um destino a ser conquistado. Sustenta seus membros em períodos de transformação cruciais na vida humana. No nascer, no crescer, no fazer nova vida e também no morrer. Comunidade cria histórias que nos criam a cada um de nós.

Se comunidade é laço e comunhão, é a natureza da relação que se estabelece entre os membros de um grupo sociocultural. Sabendo que são nessas relações que somos criados sujeitos com um sentido de viver, o que fazer quando nos damos conta de que vivemos num mundo paulatinamente mais caótico, mais adoecido? E cujas relações, ou a falta delas, produzem subjetivações adoecidas, isoladas, narcísicas e desinteressadas no estar "em relação", em comunhão com o outro, com a alteridade, matéria-prima da comunidade?

Comunidade foi o que nos uniu, a mim e a Carla. Foi em trocas numa comunidade global de educadores, a comunidade da Aprendizagem Rizomática **#Rhizo14** de David Cormier, que nós duas descobrimos toda a potência transformadora de pertencer a um grupo diverso de pessoas que compartilham de uma visão comum: sonhar novos caminhos para a educação. Lá, ouvi alguém me dizer pela primeira vez que eu tinha uma "personalidade construtora de comunidade". Esta é a Carla: uma arquiteta natural de comunidades. Aprendi e aprendo a ser arquiteta comunal com ela. Por isso te digo: se você busca um mergulho profundo no universo da "Comunidade", você está no lugar certo, na hora certa, lendo a pessoa certa para te conduzir nessa jornada.

Uma cartografia das relações e de como os sujeitos tecem teias de sentido para se constituir "em relação com" o outro é essencial e urgente para que possamos inventar novas formas de viver juntos. Do que depende nossa habilidade de tecer? O que constitui os fios que usamos para tecer nossos sentidos coletivos? A qualidade das experiências vividas que individualmente "fiamos" para tecer vida com sentido é também o que cada um de nós traz para tecer sentido coletivo para a vida em comunidade.

Nós criamos comunidade e a comunidade nos cria. Por mais pessoas se propondo a investigar, a desfiar, desvelar e revelar a natureza plural desses movimentos criadores de humanidade. Para que se continue a (con)fiar, a tecer, e a viver junto.

Introdução

Ao redor da mesa, comunidade

Sentar à mesa na fazenda do tio Luigi — um móvel de granito verde, largo, feito sob medida com proporções muito maiores do que você pode imaginar—, fez parte de toda a minha infância até os meus 40 e poucos anos. Toda vez que a gente ia pra fazenda, uma felicidade inexplicável me abraçava. A casa principal era cercada de grama, de árvores e da horta que exalava aromas de hortelã e alecrim, sempre com o tio Luigi nos esperando, com sua bengala, geralmente de short azul e blusa em V com o tradicional bolso no peito e botas, daquelas de peão de roça. Era sempre festa. O puxadinho da cozinha virou o maior cômodo, parte central da casa. Na verdade, acho que nunca fiquei sentada na sala, a não ser quando era pequena e ficava por lá rodeando a mesa, olhando os jogos intermináveis de pôquer que rolavam por dias e noites a fio. Achava tudo aquilo magnético, da mesma forma que, por décadas, sentia a magia de sentar naquela imensa mesa da cozinha com a família e, principalmente, com os amigos que eu sempre chamava para nos acompanhar. Tá, mas você deve estar se perguntando o que exatamente minha história e ligação com o tio Luigi têm a ver com comunidades.

Tudo! Os elementos principais do florescimento e cultivo de comunidade estavam muito presentes naquela mesa. Na verdade, se pensarmos em comunidade, qual é a imagem que te remete? Talvez pessoas reunidas em volta de uma fogueira ou sentadas à mesa com comida farta? Pode ser também uma roda de conversa de um clube do livro ou talvez todos orando em algum lugar considerado sagrado?

O tio Luigi era um verdadeiro articulador de redes em volta de sua mesa verde de granito. Tinha rituais bem próprios, estimulava as conexões e trocas de quem se sentava lá, a cozinha era sua plataforma, as comidas, que pareciam vindas do Paraíso de Dante, davam a liga e traziam magia. Quando, ao entardecer, saíamos felizes e com um certo peso na consciência de tanta comilança, voltávamos transformados com algum novo aprendizado. E esse aprendizado era algo tão tangível como uma receita para testarmos em casa, ou algo mais tácito, como uma nova conexão de ideias ou com pessoas, amigos do tio Luigi, que traziam novo valor ou sentido ao nosso dia a dia.

Comunidade, pra mim, é isso.

A conexão de pessoas que têm interesses e paixões compartilhados, com um ponto de encontro comum, rituais próprios, e que geram valor

e aprendizados uns para os outros. E, claro, para a sustentação dessa comunidade, magia, alquimia, sinergia dão a liga aos participantes.

O meu convite com este livro é sentarmos à mesa e, juntos, explorarmos na prática como cultivar e deixar florescer comunidades que brilham, que impulsionam pessoas, que movem estruturas, que emocionam. Comunidades vivas e pulsantes de pessoas que decidem estar juntas para vislumbrar novos caminhos, alimentar sonhos e paixões para construírem colaborativamente futuros possíveis e desejáveis.

O Eu e o Nós

No início de 2005, eu era, já por alguns anos, aquela professora solitária fazendo mil experimentos tecnológicos em sala de aula com os alunos, além de ter também a função de capacitar professores no uso de tecnologias educacionais. A empolgada, sem muita interlocução, no entanto, com os meus colegas, que me viam com certa admiração, mas com muito mais receio do que vontade de compreender do que eu estava falando ou fazendo. Ainda era realidade distante para eles o que eu estudava, trazia e aplicava sobre o poder das tecnologias para o aprendizado. Significava abrir mão de algumas crenças sobre o aprender, ensinar. Também significava que teriam que se mexer, sair dos previsíveis planos de aulas nos cadernos e papéis amarelados que carregavam em suas pastas de plástico e já decorados em suas mentes.

Eu seguia. Sempre com a convicção de que o caminho do aprendizado, tanto dos meus alunos quanto o meu, era conectado, interconectado, não linear e, mais do que isso, que poderia ser estimulante e feliz. Essa era uma crença minha que não era compartilhada por muitos. Pelo menos no meu universo na sala dos professores.

Tudo mudou no dia em que decidi sair da minha bolha educacional e participar de um seminário internacional famoso para professores de inglês em San Antonio, no Texas. Quando pisei naqueles corredores gigantes e acarpetados do centro de convenções para o 39th TESOL Annual Convention, uma felicidade inexplicável me invadiu. Intuitivamente entendi que algo naqueles dias de convenção ampliaria de forma inexorável meus espaços profissionais e minha compreensão sobre aprendizagem.

A programação era tão extensa, com tantas apresentações e workshops, que recebíamos um livro na mesa de cadastramento. Tinha que estudar o mapa do local e o programa para se situar e entender o que fazia sentido participar. Fiquei no hotel estudando a jornada que queria fazer pelos próximos quatro dias para montar a minha trilha de aprendizagem com educadores do mundo inteiro que estavam lá para compartilhar conhecimento e abrir espaços de discussão. Decidi que não dormiria em dólar. Acordaria mais cedo para os grupos de discussão antes da programação oficial e finalizaria o dia com a última sessão.

No primeiro dia de conferência, eu já estava pronta para um grupo de discussão. Não fazia ideia de como seria. Só sentia a empolgação de iniciar a jornada na minha primeira conferência internacional. Christine Bauer-Ramazani conduzia a sessão, e às 7h30, em uma sala escura, com poucos professores sonolentos, escutei pela primeira vez na vida a palavra "Webheads" e o nome que se repetia ao longo da discussão, Vance Stevens. Christine falava sobre essa comunidade de prática de educadores de todo o mundo que se conectavam online. Uma luz ali se acendeu. Na verdade, uma comichão, algo que não conseguia entender no momento. Só entendi que precisava participar daquele grupo Webheads e conhecer Vance Stevens.

Localizei Vance Stevens na programação. Quando entrei em uma sala enorme e lotada, lá estava Vance, com Elizabeth Hanson-Smith, ícone do ensino de línguas e aprendizagem com tecnologias, e do outro lado da tela, em algo que na época não entendia muito bem, estava sincronamente com a gente, mas na Austrália, o professor Michael Coghlan e, no Brasil, Bee Dieu. *Oh, Dieu*! Fiquei pasma. Vance e Elizabeth explicavam o tipo de práticas e aprendizagem que ocorriam na comunidade dos Webheads, Michael e Bee contribuíam, e a cena — vívida até hoje na minha memória — foi Michael cantando direto da Austrália. Nunca tinha visto nada igual. Hoje, teleconferências são rotineiras em nossa prática e rotina profissional, mas, em 2005, os Webheads eram a Woodstock *edtech*, vanguarda mesmo no uso de tecnologias digitais em contextos educacionais. Uma comunidade de prática dentro do conceito de Etiènne Wenger, que, inclusive, esteve próximo dos Webheads como parte de sua pesquisa sobre comunidades de prática.

Voltaremos ao Wenger, mas esses primeiros encontros no TESOL de San Antonio com educadores que se apresentavam juntos, se encontravam, se divertiam e, principalmente, compartilhavam e aprendiam juntos despertou algo em mim. Era como se de repente eu tivesse me acoplado em outra dimensão do conhecimento e de expansão dos meus horizontes pessoal e profissional. Saí da conferência decidida a saber mais sobre aquela comunidade, e, mais do que isso, queria fazer parte. Daí em diante, nunca mais me desgrudei. Fui fazer um curso de especialização oferecido pelo TESOL em que muitos dos Webheads eram professores. Colei neles. Passei de aluna a membro ativo da comunidade e a coordenadora de um programa voluntário de desenvolvimento profissional.

De professora solitária e supervisora de tecnologias educacionais, passei a membro superativo do grupo Webheads. Nos anos seguintes, viajei para várias cidades nos Estados Unidos e na Inglaterra, apresentando em conferências com eles, participando de projetos colaborativos internacionais. Conexões com uma comunidade em todos os cantos do mundo, e isso mudou a minha trajetória profissional de forma tão absurdamente potente e com tantas ramificações que passei a ter como missão de vida retribuir para a comunidade educacional com tudo o que pudesse contribuir para impulsionar talentos na educação do país.

E é sobre essa missão e esse nós de aprendizagem que abro aqui um espaço para explorarmos o poder das comunidades para alavancarmos ideias, projetos, sonhos, e, principalmente, fortalecermos laços entre pessoas que têm uma causa, um propósito em comum. Do estar sozinho ao pertencer, é nesse entrelaçamento de conexões entre pessoas e interesses comuns que uma comunidade nasce e floresce. E é no cultivo dessa comunidade que transformações pessoais, profissionais e sociais acontecem. É no eu e no nós que nos sentimos parte, que nos realizamos e buscamos nossa essência.

Espaços de troca, aprendizagem e valor

Somos seres gregários por natureza. Desde os primórdios da humanidade, vivemos em tribos. Queremos estar conectados uns aos outros, pertencer, ser acolhidos, ter voz e ser ouvidos. E, paradoxalmente, quantas pessoas que você conhece não se sentem desconectadas, sozinhas, isoladas? Talvez você seja uma dessas pessoas. Fazer parte de uma comunidade significa o resgate às conexões, ao estar junto, com algum tipo de missão, tanto no nível pessoal quanto coletivo. Ao criarmos ou nos unirmos a uma comunidade, nos damos a chance de um reencontro com nós mesmos, com nossa essência, com motivações que talvez estivessem adormecidas.

Além da minha própria história, vivencio diariamente histórias incríveis de resgate, autoconhecimento e autoexpressão ao gerir algumas comunidades de aprendizagem e prática, como a da instituição que fiz parte por quase duas décadas, a Casa Thomas Jefferson, e a comunidade de líderes do Grupo de Educadores Google do Brasil, um programa mundial aberto e voluntário do Google para educadores.

Na Thomas, conheci a Cleide. Um talento artístico, dessas que fazia desenhos em papel de rascunho durante os intervalos, verdadeiras obras de arte. Ao mesmo tempo, ela se sentia totalmente incompetente tecnologicamente, inclusive com uma crença limitante de que nunca aprenderia a mexer naquela "coisa", o computador, para suas aulas. E eu, no meu papel de liderança como supervisora de mídias, comecei um trabalho de formiguinha de liga e resgate desse grupo de professores desconectados que se divertiam na sala dos professores, batiam papo, trocavam trivialidades e alguns assuntos mais pessoais e profundos, mas que viviam isolados em seus mundos profissionais. Cada um lutando para encaixar o número de horas no dia para preparação das aulas, cuidados com a família, correção de deveres e provas, aulas. Todos juntos e solitários. Todos com batalhas pessoais e profissionais.

Meu primeiro ímpeto quando comecei na liderança de um movimento de trocas sobre tendências e boas práticas na área de tecnologias educacionais e aprendizagem foi a de pregadora. Montava sessões de treinamento para centenas de professores. Impacto pequeno, perto de zero. Comecei a entender que desenvolvimento profissional em organizações deveria ter uma abordagem totalmente diferente, não massificada. Mais do que número, minha missão era fazer com que os profissionais tivessem fluência e maturidade digital para impactar suas práticas lá na ponta. Para isso, era preciso promover uma experiência de aprendizagem pessoal, intimista, próxima, conectada. Comecei a entender que o que eu propunha era o mesmo que estava vivenciando com os Webheads, em comunidade.

De nada adiantaria aula-palestra para a Cleide se sentir mais confiante em sua jornada de evolução profissional e, mais do que isso, se entusiasmar com as possibilidades de um ecossistema digital que começava a emergir na instituição como forma de apoiar e potencializar experiências de aprendizagem. O segredo era criarmos círculos virtuosos de desenvolvimento profissional por meio do cultivo de uma comunidade de aprendizagem e prática. Comecei a entender as nuances do desejo humano de conexão e pertencimento. Em vez dos treinamentos em grupos grandes, e junto com colegas que eram "edtech mentors" em cada filial na Thomas, começamos a trabalhar a ideia de encontros pequenos mais intimistas com o grupo local de professores. Encontros para trocas, experimentos, práticas, com uma *vibe* de ateliê de aprendizagem. A adesão não era maciça, mas os professores que participavam faziam o boca a boca dos encontros e, aos poucos, fomos tendo cada vez mais professores envolvidos e entusiasmados com o processo. Conforme esses grupos locais avançavam em suas práticas e fortaleciam seus laços e conhecimento, mais deixavam de ser profissionais isolados e solitários. Criava-se ali um círculo de confiança, cultivava-se uma comunidade de educadores que queriam evoluir, aprender, explorar e multiplicar os aprendizados com os pares e os alunos.

CLEIDE PRODUTORA DE MATERIAL DIGITAL

CLEIDE BLOGUEIRA

[A Cleide, ah... nem preciso dizer que floresceu e criou as próprias asas. Além dela ter o apoio da comunidade de educadores, eu fazia questão de dar algumas mentorias. E ela, com determinação e coragem, foi criando] personagens, passou a ser blogueira para compartilhar suas ideias para a sala de aula, começou a dar palestras em conferências. E publicou um livro. Ela se permitiu, se sentiu mais confiante ao fazer parte de uma comunidade educacional que a apoiava e admirava seu trabalho.

Na verdade, em uma comunidade, a grande métrica de sucesso é a sua reputação, o reconhecimento por parte dos pares do seu valor como pessoa e profissional. E, ao mesmo tempo, todos na comunidade passam a entender que o grande sentido de estar junto é o que cada um acrescenta de valor para a rede.

> **"O mais inteligente não é ninguém da sala, mas a própria sala."**
>
> David Weinberger

Sua parada, suas comunidades

Abordei um pouco sobre aconchego e o calor do sentimento de comunidade quando sentava à mesa com minha família e amigos, tendo o tio Luigi como esse *broker*, que é como chamamos o conector de redes.

Pense agora nas comunidades das quais você faz parte. Visualize esses grupos de pessoas que se unem com algum interesse ou paixão em comum. Consegue identificar esses elementos que mencionei? Faça esse exercício de identificação com algumas de suas comunidades. Escreva em um papel ou utilize este modelo disponível digitalmente < https://1pxo.com/elementos > para fazer o seu mapeamento.

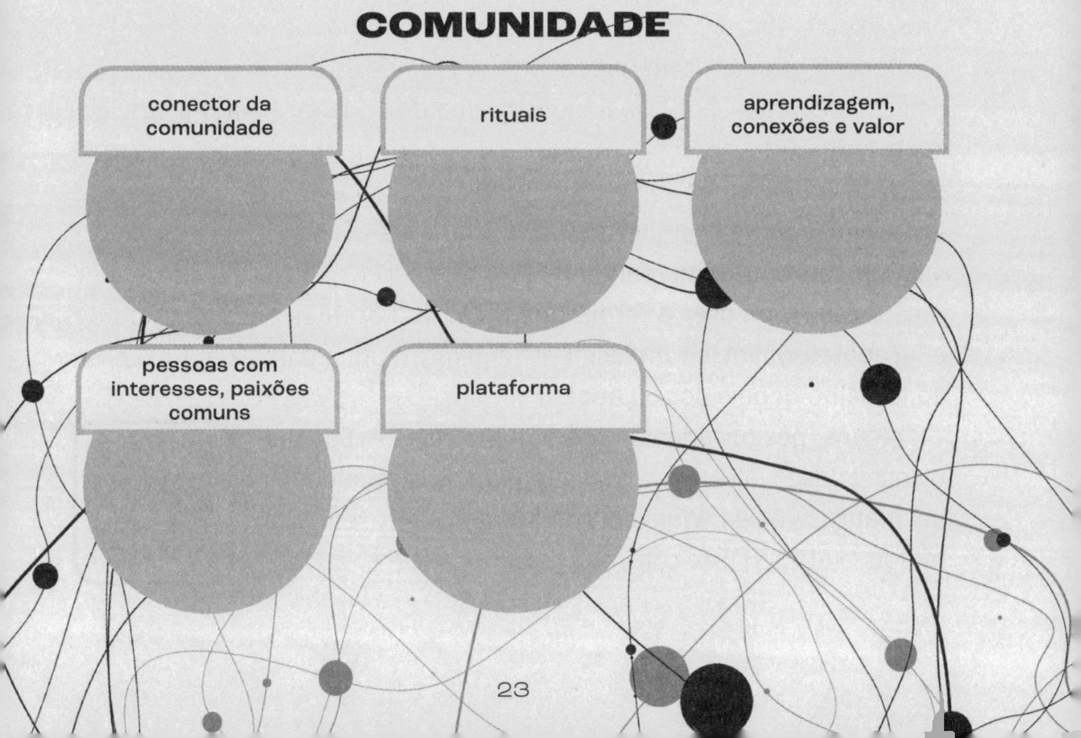

Quando você começa a mapear e analisar as comunidades das quais participa, irá ver claramente alguns desses elementos já bem delineados. Em alguns casos, as comunidades estão melhor estruturadas, em outros, são mais fluidas. E tudo bem. As delimitações e peculiaridades de cada comunidade são determinadas pelo próprio grupo de pessoas que as iniciam. Mais importante do que a forma e a estrutura é entendermos de que maneira participar dessas comunidades adiciona valor à rede, traz algum tipo de evolução pessoal e/ou profissional a seus membros, acolhe e agrega “bandos desgarrados”.

Por trás de uma comunidade, há um contexto estratégico, uma proposição de valor para que seus participantes queiram pertencer a ela, estar junto. Esta proposta de valor pode ser um objetivo pessoal e comum ao grupo, como ler mais em um clube do livro, desenvolver software livre, deixando um legado tecnológico para a sociedade, promover intercâmbio entre empreendedores e fortalecer o ecossistema de startups locais, promover a formação digital de docentes em um grupo de educadores, ou incluir digitalmente a geração prata para garantir acesso ao trabalho depois dos 50 anos.

Alguns pesquisadores, como Jean Lave e Etiènne Wenger, desenvolveram o conceito para as comunidades de práticas (CoPs). Wenger, por exemplo, em seu guia rápido <https://1pxo.com/quickguide-wenger> aponta que as CoPs são formadas por pessoas que compartilham de um mesmo interesse ou paixão, interagem regularmente, trocam informações e conhecimento, compartilham aprendizados e sustentam a comunidade. Estamos aqui falando de encontros regulares, interesse comum no aprendizado e desenvolvimento de repertório por meio de trocas e aplicação. Como o autor menciona, as macrodimensões de uma comunidade de prática são: **empreendimento conjunto, envolvimento mútuo e repertório compartilhado**. É aprendizado coletivo e social na veia. Wenger inclusive nos traz pontos de atenção importantes sobre como cultivamos comunidades de prática que se formam em ambientes informais ou formais de trabalho.

Atualmente, vemos também muitos casos de comunidades que se constituem como estratégia de marca para feedback de produtos em fase de teste para o mercado e programas de embaixadores da marca, por exemplo.

Independentemente do objetivo, a definição que trouxe da comunidade como **conexão de pessoas que têm interesses e paixões compartilhados, com um ponto de encontro comum, rituais próprios e que geram valor e aprendizados uns para os outros**, vale tanto para comunidades de prática e aprendizagem como comunidades geridas por marcas, comunidades de organizações sociais, o seu clube do livro, a comunidade de desenvolvedores ou a de adolescentes escritores de fanfics.

CULTIVANDO comunidades de prática

um guia inicial | por Etiènne Wenger

O que são comunidades de prática?

Comunidades de prática são grupos de pessoas que compartilham uma paixão por algo que sabem fazer e que interagem regularmente para aprender como fazer melhor.

EDUCAR

As comunidades de prática são uma experiência familiar, mas as pessoas precisam entender como essas comunidades se encaixam no trabalho delas.

Conduzir workshops para educar gestores e membros em potencial sobre a abordagem;

Ajudar as pessoas a apreciarem como as comunidades de prática são inerentemente autodefinidas e autogerenciadas;

Estabelecer uma linguagem que dê legitimidade às comunidades e determinar o lugar delas na organização.

POR ONDE COMEÇAR

ESTABELEÇA UM CONTEXTO ESTRATÉGICO

Um contexto estratégico faz com que as comunidades encontrem legitimação dentro de uma organização.

Articular uma proposta de valor estratégica;

Identificar problemas críticos de negócio;

Articular a necessidade de alavancar o conhecimento.

Por que focar em comunidades de prática?

	Valor de curto prazo	Valor de longo prazo
membros	ajuda com desafios acesso à experiência confiança diversão com colegas trabalho significativo	desenvolvimento pessoal reputação identidade profissional networking marketing
organização	resolução de problemas economia de tempo compartilhamento de conhecimento sinergia entre unidades reutilização de recursos	capacidades estratégicas manter-se atualizado inovação retenção de talentos novas estratégias

APOIAR

Comunidades de prática podem se beneficiar de algum tipo de orientação e ter disponível uma infraestrutura tecnológica.

Promover algum tipo de suporte nos processos, mentorias e assistência logística;

Identificar necessidades e definir infraestrutura adequada sem ênfase excessiva em tecnologia sofisticada.

MOTIVAR

Os profissionais geralmente veem o valor de trabalhar em comunidade, mas podem sentir que a organização não está alinhada com o entendimento sobre essas comunidades de prática.

Encontrar patrocinadores para incentivar a participação;

Valorizar o trabalho das comunidades;

Divulgar os casos de sucesso.

Quais elementos desenvolver?

Domínio: a definição da área de investigação do conhecimento compartilhado e das questões principais.
Comunidade: as relações entre os participantes e o senso de pertencimento.
Prática: o conjunto de conhecimentos, métodos, histórias, casos, ferramentas, documentos.

INTEGRAR

A organização formal deve ter processos e estrutura para incluir estas comunidades, honrando ao mesmo tempo as suas raízes na paixão e envolvimento pessoal.

Integrar as comunidades na forma como as organizações trabalham

Identificar e remover as barreiras óbvias;

Alinhar os principais elementos estruturais e culturais.

SEGUIR EM FRENTE

Começar a cultivar comunidades de prática o mais cedo possível cria exemplos iniciais que permitem às pessoas aprender fazendo.

Ter algumas comunidades piloto funcionando o mais rápido possível;

Encontrar comunidades para começar, identificando áreas onde há potencial e prontidão;

Entrevistar alguns membros em potencial para entender os problemas, começar a discutir uma comunidade e identificar líderes em potencial;

Reunir um grupo principal para preparar e iniciar um processo de lançamento;

Ajudar os membros a organizar uma série inicial de atividades que agregam valor;

Incentivar os membros a assumirem responsabilidades cada vez maiores na gestão de seu conhecimento.

Quais são alguns fatores críticos de sucesso?

Comunidade	Organização
um domínio que energiza o grupo principal	relevância estratégica do domínio
coordenador(a) habilidoso(a) e respeitável	reputação
engajamento de especialistas	um patrocínio visível da gestão, mas sem microgerenciamento
contemplar os detalhes da prática	uma dança de estruturas formais e informais
ritmo certo e combinação de atividades	recursos adequados
	atitude consistente

Comunidade florescendo, começa onde?

Me lembro quando Derek Sivers <https://1pxo.com/dereksivers> começou a fazer um tremendo sucesso nas redes com o vídeo de um cara dançando como louco, sozinho em um gramado. Logo depois, vem uma outra pessoa e começa a dançar com ele. Vem a terceira, a quarta, e, a partir daí, cada vez mais pessoas começam a dançar juntas, cada uma em seu ritmo e movimento, mas trazendo uma energia única para aquela aglomeração dançante até que, em certo momento, parece loucura estar fora dela. Era preciso fazer parte. Derek, por meio do imagético poderoso do vídeo, fala sobre o início de um movimento, um lunático, que publicamente se expõe, e passa a ser seguido por um que contagia outros também a seguirem. A cada pessoa que entra para o grupo, menos arriscado é estar lá. Ninguém é mais considerado louco quando uma tribo começa a se formar, e quem está de fora começa a perceber o poder do coletivo e não mais de quem inicialmente liderou o movimento. Um seguidor atrai e nutre o desejo de outros entrarem.

ASSISTA AQUI!

"O primeiro seguidor é uma forma subestimada de liderança."

Derek Sivers

Derek Sivers fala do início de um movimento, que é a mesma lógica de uma comunidade. Não me esqueço quando fiquei sabendo do Grupo de Educadores Google (GEG) do Brasil, logo depois que tinha participado da Academia de Inovação de educadores no escritório do Google em São Paulo. Um grupo de líderes do GEG iria se reunir no sábado quando a gente encerrava a nossa Academia. E a gente se perguntava, o que era aquele tal de GEG? Quem eram aqueles educadores, líderes GEG? O que faziam? Por onde andavam?

Eu, Samara e Batata, educadores intrépidos de Brasília, nos informamos e acabamos sabendo que já existia uma liderança em nossa região. Fomos ao primeiro encontro em um auditório cheio de professores, alguns curiosos, outros inquietos, e ainda os céticos, que precisavam estar lá para entender o que era tudo aquilo. Decidimos ali, naquele encontro de auditório cheio, que queríamos participar. Queríamos ser líderes GEG. Fomos atrás de mais informações e de quem nos poderia indicar para a liderança. Antônio, professor no interior de São Paulo e Google Innovator (educador certificado pelo Google), foi um dos primeiros líderes e nos indicou para a liderança em Brasília.

O GEG, um programa global do Google, totalmente aberto e voluntário para educadores entusiastas do uso das tecnologias em sala de aula e interessados em temas educacionais, nos conquistou com a proposta de pertencer a uma comunidade mundial, que iniciava no Brasil, de reunir educadores em toda sua diversidade, de aprender juntos, de desenvolver projetos colaborativos e de estar localmente com um grupo de professores de diversas áreas que não eram apenas da minha instituição educacional. Estavam disseminados pela cidade e talvez não tivessem se conectado se não fosse pelo apelo de uma comunidade aberta de aprendizagem e de práticas e de trocas entre professores que, muitas vezes, eram os lunáticos solitários em suas instituições.

Começamos com poucos no nosso gramado e fomos nos multiplicando. Fizemos mais de 15 encontros em Brasília, nos mais diversos locais, desde em cafés, restaurantes e bares da cidade, até em formações online de inverno, que aqueciam os corações dos professores e nos uniam no propósito de desenvolvimento profissional e de novas conexões pessoais.

Mesmo o GEG sendo uma comunidade de marca, e marca forte entre os grandes *players* globais de tecnologia, foi desde sua concepção um programa que, apesar de fazer parte do ecossistema Google, sempre teve um modelo descentralizado de atuação, com algumas diretrizes básicas para os participantes, mas totalmente horizontalizado, em que as comunidades locais por todo o mundo decidiam como atuar e que tipo de ações teriam. O Brasil foi o único país que inicialmente adotou uma política de ter uma coordenação dos líderes GEG, o que fez diferença em termos de consistência e coordenação das ações, uma visão mais estratégica e sistêmica para a comunidade no sentido de mantê-la viva, com líderes atuantes e com todo o suporte para novos membros.

Como surge, então, uma comunidade? Com seus primeiros membros e algum tipo de liderança, seja ela mais fluida ou mais intencional e reconhecida como liderança. A partir daí, todos aqueles elementos que você já identificou em suas próprias comunidades também têm papel importante no florescimento desses grupos, os rituais, as plataformas e formas de comunicação, o acolhimento de novos membros, pessoas com pontos de interseção, o valor que a rede traz para cada um. Cada parte complementa o todo para dar a liga e fortalecer as conexões.

Dica para o início de uma comunidade

Não há fórmula para criarmos uma comunidade. O mais importante no início é alguém liderar o processo como no vídeo do Derek Sivers, fazer o convite para poucas pessoas, gerar algum tipo de curiosidade e magnetismo para esse novo grupo que se reúne. E como fazer isso? Pode ser por meio de um convite instigante, um propósito ou ideia convidativos. O mais importante é você se tornar a conectora/o conector de um grupo diverso e com uma predisposição inicial para a ação. O resto, a gente vai explorando ao longo dessa nossa jornada juntos por aqui.

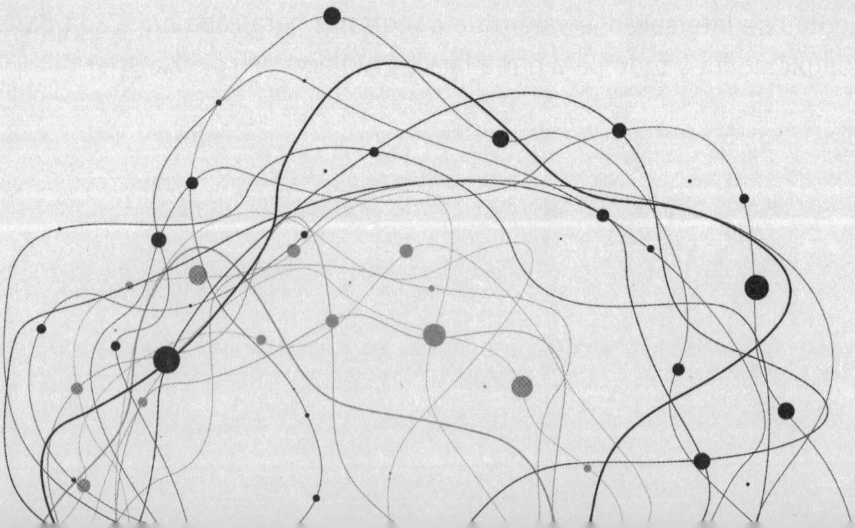

À espera de uma liderança

"Nós superestimamos sistematicamente o valor do acesso à informação e subestimamos o valor do acesso um ao outro."

Clay Shirky

Em seu livro publicado em 2009, *Here Comes Everybody: The Power of Organizing Without Organization*, Clay Shirky nos lembra do período de mudanças tectônicas causadas com o advento da internet e que mudaram para sempre a forma como vivemos, convivemos e consumimos. Muitos dos impedimentos físicos, geográficos, financeiros para nos conectarmos foram desmontados com a revolução digital. As barreiras e complexidades que antes existiam para ações e organização de grupos de pessoas foram sendo reduzidas com o surgimento de ferramentas tecnológicas que elevam cada vez mais o poder da ação social. As tecnologias deram ao coletivo o poder da distribuição. Distribuição de vozes, de papéis e de ação. Se há um pequeno grupo de pessoas que se incomoda com o status quo e quer mudar algo, as ferramentas disponíveis permitem que rapidamente elas se conectem e comecem um movimento, seja de desenvolvimento pessoal ou por uma causa maior. Quando os desejos de conexão são altos e o custo para que as pessoas se articulem passam a ser bem baixos, a quantidade de entrelaçamentos sociais passa a ser exponencial. Nas últimas décadas, é exatamente isso que tem acontecido. Se você é hoje um nômade digital e chega em qualquer nova cidade para passar uma jornada, você está a um clique de se conectar com comunidades locais de empreendedores ou de profissionais da sua área em encontros conhecidos como *Meetups*, por exemplo. E, para que essa mágica do entrelaçamento aconteça, há sempre alguém que iniciou o movimento. Um líder ou grupo de líderes que dão o pontapé inicial.

Seth Godin traz o conceito do menor grupo social viável para as mudanças. Nós não precisamos de todo o mundo, apenas de algumas pessoas que querem estar conectadas por uma causa, um interesse ou uma paixão. Só estamos à espera de alguém que nos lidere. E muitos estão dispostos a seguir, mas não a iniciar o movimento porque liderar implica se responsabilizar, em algum grau, pelo grupo. Significa estar disposto a fazer a mudança acontecer, desafiar o status quo, gerir pessoas em todas suas nuances e complexidades. O líder de uma comunidade encontra algo importante a ser mudado, agrupa pessoas e difunde ideias. A partir daí, o movimento começa, a comunidade se fortalece, define limites e rituais e vai delineando sua identidade e cultura.

Quando um levanta a mão, outros estão dispostos a seguir. A líder/o líder, nas palavras de Seth,

A maioria está disposta a seguir e fazer parte, mas não a liderar. Liderar dá trabalho, é constante e gera compromisso. A líder/o líder em uma comunidade é comprometida(o) com a causa do grupo e com os participantes. É demandada(o) na resolução de conflitos, na organização das atividades e na construção da visão para os caminhos a seguir. Liderar é não se esquivar das responsabilidades com cada membro para que todos se sintam parte do grupo, que são lembrados e contemplados. Líderes de uma comunidade são como o maestro de uma orquestra, dando o tom, harmonizando as relações sociais dos membros, dando o espaço e o tempo que cada um precisa, mas direcionando processos coletivos para o bem comum do grupo. Orquestrar diferenças e singularidades de cada um e do grupo é uma arte que vai sendo construída e moldada ao longo do tempo e conforme a própria comunidade amadurece.

O mais importante que Shirky e Godin nos lembram é que, se antes as lideranças eram locais e com limites geográficos mais bem definidos, hoje é muito mais fácil que qualquer um de nós inicie movimentos e agrupe pessoas em torno de algo que nos move com as ferramentas digitais que temos na palma da mão e na ponta dos dedos. A mensagem é clara. Se algo te incomoda, se você está com uma comichão, convide pessoas, comece um movimento, lidere uma comunidade. É a partir dessas microlideranças e do entendimento do que cada um de nós tem a contribuir que começamos a transformar a realidade que nos cerca e a mudar o mundo. **Não peça permissão para liderar. Agrupe pessoas e siga em frente.**

Alexandre Innecco, maestro, cantor, ator, diretor em diversas produções teatrais e musicais, depois de passar uma longa temporada fora do país, estudando e trabalhando, decidiu voltar ao seu quadrado na capital federal do Brasil. Voltou sem saber o que exatamente faria com toda a bagagem artística e cultural. Aos poucos, viu uma lacuna em Brasília que o fez investir em uma nova empreitada: abrir um espaço cultural e artístico com dois corais. Fez audições. Atraiu vários talentos, muitos e muitas que não se enxergavam no próprio potencial vocal. Desde 2011, no ECAI, faz apresentações anuais memoráveis, "causando" na comunidade local, mesclando o erudito com o popular, o internacional com o caipira, e assim vem fortalecendo ao longo dos anos uma comunidade de cantoras e cantores, em sua maioria já em idade madura, que se redescobriram na música e se deixam embalar pelo maestro em novos aprendizados. Innecco encanta e desafia pela irreverência e transparência. Começou ensaiando com os corais, Lux Animae e Animae Vox, em espaços cedidos por amigos da cidade. E hoje tem sede própria em ampliação. Deu novas perspectivas, vida e luz para as senhoras que fazem parte do Lux Animae, o coro feminino do ECAI. Reuniam-se em cafés da cidade para bater papo, iam ao cinema juntas com o maestro, viajavam para apresentações internacionais, ensaiavam incansavelmente toda semana para as apresentações anuais, com convidados nacionais e internacionais. Como diz Innecco no site do ECAI:

> **"Nossos objetivos são modestos: só queremos semear alegria e mudar o mundo. Vem cantar com a gente!"**
>
> Alexandre Innecco

LÍDERES DE UMA COMUNIDADE

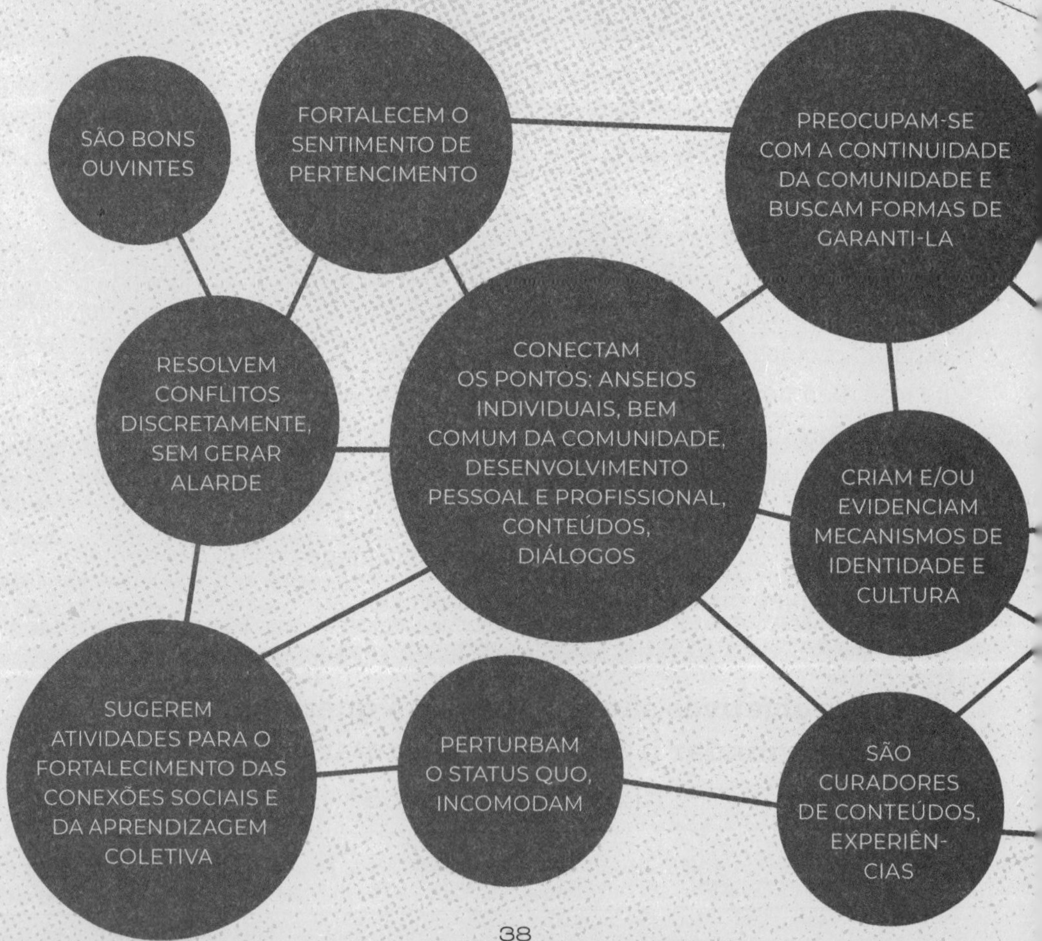

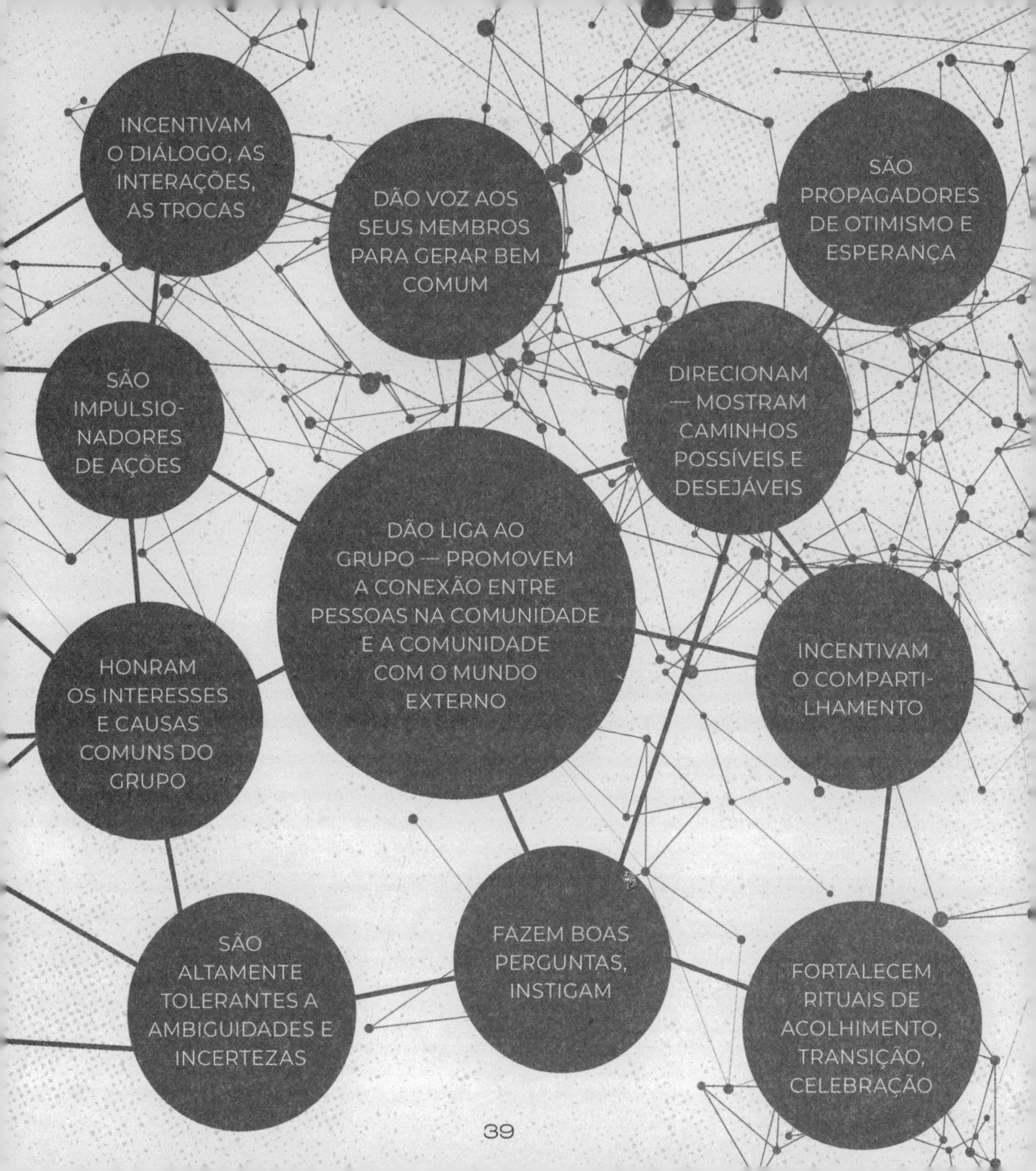
INCENTIVAM O DIÁLOGO, AS INTERAÇÕES, AS TROCAS
DÃO VOZ AOS SEUS MEMBROS PARA GERAR BEM COMUM
SÃO PROPAGADORES DE OTIMISMO E ESPERANÇA
SÃO IMPULSIO-NADORES DE AÇÕES
DIRECIONAM — MOSTRAM CAMINHOS POSSÍVEIS E DESEJÁVEIS
DÃO LIGA AO GRUPO — PROMOVEM A CONEXÃO ENTRE PESSOAS NA COMUNIDADE E A COMUNIDADE COM O MUNDO EXTERNO
HONRAM OS INTERESSES E CAUSAS COMUNS DO GRUPO
INCENTIVAM O COMPARTI-LHAMENTO
SÃO ALTAMENTE TOLERANTES A AMBIGUIDADES E INCERTEZAS
FAZEM BOAS PERGUNTAS, INSTIGAM
FORTALECEM RITUAIS DE ACOLHIMENTO, TRANSIÇÃO, CELEBRAÇÃO

De uma ideia na cabeça, o maestro começou a orquestrar uma comunidade local de aprendizado e prática que traz valor e dá sentido à vida de muitas senhoras aposentadas com tempo disponível, vontade de aprender, evoluir e se conectar. No Clube ECAI, não só as participantes do coro, mas também a comunidade local, com interesse em música, arte, línguas, tem disponível uma programação riquíssima de palestras, cursos, encontros gastronômicos, gincanas, concertos, aulas de idiomas, clube de leitura, cineclube, passeios, entre tantas outras atividades tão ecléticas quanto o maestro. O espaço físico do ECAI tornou-se plataforma de conexão e encontros da comunidade. Innecco dá liga ao grupo com uma programação variada e consistente. Durante a pandemia da covid-19, mesmo com o espaço fechado, ele manteve a comunidade viva e sendo desafiada com novos aprendizados com um canal no YouTube do ECAI <https://www.alexandreinnecco.com/clube-ecai>, além do desafio de sincronizar o coral em músicas em que cada membro cantava sua parte e depois os filetes de som eram editados para uma verdadeira sinfonia aos nossos ouvidos, tudo no digital. Uma aula de como se reinventar em meio às adversidades e incertezas e manter uma comunidade vibrante e atuante.

Aprecie sem moderação a versão do "Sem Fantasia", gravada individualmente em 2020, em meio à pandemia, por todas as integrantes do Lux Animae: https://youtu.be/pAFFD2pSdeE.

ASSISTA AQUI!

Uma verdadeira aula de coletividade e união por meio da música, do sentido de pertencimento de cada uma das mulheres do grupo e do desafio de produzirem algo que nunca tinham feito antes.

Para uma comunidade florescer, há algum tipo de liderança que organiza, direciona e, sobretudo, inspira. Innecco é exemplo vivo desse conector de pessoas que orquestra com maestria experiências sensoriais de vários tipos para reunir homens e mulheres bem diversos em torno da música, da arte e da cultura. Uma comunidade de aprendizagem, de prática e de bem-estar.

No link https://1pxo.com/checklist, um exercício em forma de checklist para você encontrar esse líder em você ou para as lideranças da comunidade analisarem onde já avançaram e onde ainda podem imprimir esforços de desenvolvimento. O importante é nos lembrarmos de que essas habilidades de liderança vão progredindo ao longo do tempo e com a própria evolução do grupo. Lembre-se, inicialmente temos apenas um louco/uma louca dançando sozinho(a) no gramado. Quando outros começam a se conectar e a participar da dança, os ritmos vão se alinhando

CONFIRA AQUI!

e sincronizando. A liderança que iniciou é que dá o tom. Ela também pode — e deve — encontrar novos líderes para a continuidade de uma comunidade próspera, com relacionamentos saudáveis que trazem valor para todos que fazem parte do grupo.

A cartografia de uma comunidade vibrante e pulsante

> **"Nada acontece até que algo se mova. Quando algo vibra, os elétrons de todo o universo ressoam com ele. Tudo está conectado."**
>
> Albert Einstein

Quando comecei a participar da comunidade internacional de educadores, os Webheads, eu já tinha um cargo de supervisora de tecnologias educacionais na Casa Thomas Jefferson, instituição em Brasília onde eu trabalhava e já exercia algum tipo de liderança com os mentores tech da minha equipe. Fazia tudo muito intuitivamente, na base da tentativa e erro. E tudo bem. É assim mesmo. Já tinha um lado destemido, e, nesse caso, a ingenuidade misturada com a ignorância era uma bênção. Nos círculos educacionais onde andava, não se falava em gestão de comunidade. Era tudo realmente na base da intuição.

Daí, ao participar inicialmente como membro dos Webheads, comecei a entender alguns mecanismos da comunidade e de liderança que antes eram imperceptíveis para mim. O que agora parece tão óbvio, todos esses elementos que a gente vem tratando aqui, eram sutilezas que iam além da minha compreensão. Participar do Electronic Village Online <http://evosessions.pbworks.com>, o maior programa aberto e gratuito dos Webheads, conduzido todos os anos em janeiro e fevereiro para professores do mundo inteiro que se inscreviam para trilhas formativas online gratuitas, foi o ponto de virada.

VISITE AQUI!

Ao iniciar a jornada como participante ativa da comunidade, e depois ir evoluindo para moderadora voluntária de formações online e finalmente coordenadora-geral, junto com outros coordenadores do Electronic Village Online, me fez perceber as nuances e todos os detalhes operacionais de cuidado, cultivo e acolhimento de uma comunidade. Me fez também utilizar as minhas melhores práticas e aptidões para organizar processos nos quais via lacunas.

O Electronic Village Online promove cinco semanas de desenvolvimento profissional todos os anos para educadores do mundo todo, com várias sessões de especialistas-facilitadores em temas educacionais diversificados. E vejo ali como o Programa foi evoluindo ao longo do tempo e os traços do legado que construí com a minha liderança e em comunidade. Mais importante, no entanto, não foi a contribuição de tempo, mentoria, facilitação e processos que deixei, mas o entendimento de que participar da comunidade dos Webheads e depois assumir intencionalmente um papel de liderança, me instrumentalizou com um repertório de gestão de comunidade que talvez não teria adquirido em nenhum outro lugar. Tudo isso para reforçar o valor de nos vermos como líderes, participarmos de comunidades, aprendermos, criarmos e liderarmos novas comunidades que estejam ligadas a um interesse, paixão ou causa. O impacto que isso terá na sua vida profissional só será perceptível muito tempo depois.

Uma comunidade se forma de várias maneiras, de modo mais intencional ou aleatório, quando alguém que se importa com algum assunto ou causa maior, mobiliza outros. Conforme o grupo estabelece laços iniciais de conexões, regras tácitas e explícitas de convivência começam a se desenhar, e há elementos essenciais que são base de sustentação de comunidades pulsantes e vibrantes que aprendem juntas e evoluem. E tudo depende de cultivo, de deliberação. Nada precisa ser engessado.

Há fluidez, mas com algum tipo de organização deliberada para que as conversas desenrolem e floresçam, e o aprendizado venha com a força de transformar as pessoas que fazem parte daquele círculo que decidiu se entrelaçar. Foi assim que me senti com os Webheads e como participante do Electronic Village Online. Experiência que me deixava em fluxo, eu queria estar lá. Me sentia acolhida, como se tivesse encontrado a minha tribo em uma roda de conversa e conexão debaixo de uma árvore frondosa, com pessoas que tinha acabado de conhecer mas, ao mesmo tempo, pareciam fazer parte do meu mundo há séculos. Como nunca tinha os encontrado antes? Mentes que foram feitas para se conectarem em torno de um objetivo comum de formação de educadores que precisavam de apoio no uso das tecnologias e estratégias pedagógicas contemporâneas. O grupo estava lá, online, pulsante, com seus rituais, regras ditas e não ditas, e elementos marcantes que faziam com que a comunidade se conectasse e reconectasse em diversos momentos do ano, a cada dia, com ligações mais fortes e outras mais fracas.

Foram esses elementos da Comunidade que comecei a entender e que, aos poucos, foram tomando corpo e forma para mim. Entendi que havia ali componentes essenciais para que aquele grupo se mantivesse pulsante e vibrante. Já falamos lá atrás sobre os elementos mais básicos e, inclusive, te convidamos a pensar sobre as comunidades das quais você faz parte. Mencionamos também referências acadêmicas conhecidas sobre CoPs (Comunidades de Prática), como Lave e Wenger. Mas queria avançar com você no mapeamento e entendimento dessa jornada de cultivo de uma comunidade de aprendizagem e prática, seja em corporações, instituições educacionais, nos bairros ou em organizações do terceiro setor, de uma forma mais prática, com exemplos e dinâmicas para que você não tenha que descobrir tudo sozinho/sozinha. Considere aqui um mapeamento de pontos críticos e de atenção, seu GPS com vários caminhos, pontos de entrada, saída e de colisão para a aprendizagem social, relações saudáveis e generosas, práticas potentes que reverberam para muito além do círculo interno do grupo que se conecta.

Quando pensamos intencionalmente nos detalhes para mobilizar um grupo para novos aprendizados e práticas, há muito mais chance que esse grupo seja mais duradouro e com maior capacidade de sensibilização e impulsionamento de seus membros se os **rituais, símbolos, propósitos, ações** estiverem sistematicamente integrados ao dia a dia da comunidade. E, mais do que isso, se essa anatomia da comunidade estiver clara para seus líderes e seus elementos essenciais forem visíveis para os participantes do grupo.

A partir daqui, te convido a se emaranhar junto comigo nessa cartografia das comunidades de aprendizagem e prática. De forma alguma quero ser prescritiva, meu convite é no mergulho de uma perspectiva mais ampla do que devemos focar no cultivo de comunidades saudáveis, que mobilizam, que se mobilizam, que apoiam causas, que reúnem pessoas com interesses em comum, que avançam na busca de soluções para problemas sociais, educacionais ou dilemas organizacionais.

Te apresento o **3C+D**, uma síntese, um desenho com quatro pilares essenciais para cultivar comunidades. Desdobraremos juntos esses quatro pilares — **contexto, conexão, curadoria e domínio** — em práticas, exemplos e sugestões baseados nas décadas de experiência que tive como integrante ativa de comunidades de prática, criadora de algumas e gestora de outras. Te convoco para olhar esse nosso mapa **3C+D** e criar suas próprias rotas para os grupos que você lidera ou quer liderar.

3C+D

1 CONTEXTO

cultura
liderança
ambiente
times, membros
tecnologias & plataformas
visão

2 CONEXÃO

propósito
rituais
linguagem
apoio
mentoria
acolhimento
atenção
cuidado
círculo de segurança

3 CURADORIA

conexão de pontos
encapsulamento de conteúdo
filtro
captura
sistematização
compartilhamento
recomendação
legado

4 DOMÍNIO

desenvolvimento de habilidades
experimentacão prática e aplicação
alinhamento objetivos pessoais & profissionais
performance

Con-texto

O contexto e a técnica de guerrilha

**"Em algum lugar do coletivo,
há uma força tenaz da existência."**

Marilena Chaui

Em 2005, ouvi falar, pela primeira vez, de Wikis, páginas na Web colaborativas e editáveis por um grupo de pessoas de forma descentralizada. Todos com acesso a essas páginas poderiam dar forma a uma ideia, texto, projeto, e cada participante contribuindo no próprio tempo, de forma ágil. Entendi que fazia total sentido utilizar a plataforma para que um grupo de profissionais altamente qualificados pudesse colaborar de onde quer que estivessem, contribuindo qualitativamente e quantitativamente na produção de objetos educacionais que ficassem disponíveis para toda a comunidade de professores da escola. O questionamento que insistia em povoar a minha mente era o seguinte, "Por que professores que dão aula para o mesmo nível, a mesma turma de inglês, preparam aulas sozinhos sendo que poderiam ter um repositório compartilhado do material que produzem?".

Para mim, a colaboração nesse caso era um caminho óbvio em que a inteligência coletiva de tantos especialistas na área otimizaria o tempo de cada um, promoveria aprendizado coletivo por meio de compartilhamento e ajudaria a construir aulas ainda mais ricas e dinâmicas. Eu realmente via muito potencial nessa ideia e já começava a vivenciar os primeiros passos no uso de Wikis com os Webheads, que estavam sempre na vanguarda de experimentos com novas possibilidades das tecnologias para a aprendizagem.

Estudei mais sobre Wikis, comecei a criar páginas, e já nessa época a Wikipédia estava a pleno vapor. O modelo colaborativo era promissor. Iniciei, então, um projeto de Wiki para a Thomas <http://thomas.org.br >, a binacional onde trabalhava, e a ideia era convidar os professores para colocarem seus materiais por lá. Todos já tinham seus caderninhos com planos de aula e outros já tinham tudo digitalizado. Simples, não? Era só pegar esses materiais e dar o upload para a plataforma. Organizei a estrutura das páginas, incluí alguns materiais meus e, animadíssima, convidei os professores para participarem. Nessa época, já tínhamos iniciado uma pequena comunidade interna de prática e aprendizagem formada por professores entusiasmados por tecnologias. Nos reuníamos em formações, encontros mais formais e outros informais para o desenvolvimento profissional do grupo, e tínhamos mentores tech em cada filial. Então, imaginei que o processo seria simples.

Na verdade, o projeto acabou sendo engavetado por falta de adesão. Naquela época, eu ainda sofria do otimismo ingênuo de que as pessoas voluntariamente iriam aderir a ideias que pareciam tão óbvias e que trariam ganhos para toda a comunidade. O que me faltou ali? O entendimento do CONTEXTO. Uma visão mais ampliada das estruturas organizacionais e mentais mais arraigadas que levam um grupo de pessoas a agir ou a resistir a determinado conceito, ideia ou projeto.

No caso, o contexto era o seguinte: a maioria dos professores aprenderam que a ação de planejar a aula era solitária e que o "seu plano de aula" era propriedade sua e não deveria ser compartilhado já que "eu tinha tido o trabalho de planejar e usar horas do meu dia para isso". Um outro aspecto que não podia ser ignorado em relação às pessoas e tecnologias é que ainda havia muito desconhecimento, descrença e medo sobre o uso das tecnologias educacionais. Havia uma insegurança neste uso porque ainda era novo para muitos professores que não tinham se formado para dar aulas usando recursos digitais. Havia também uma crença de alguns professores de que as tecnologias não eram para eles, que a melhor performance deles era como faziam há anos e não havia por que mudar. Na época, eu tinha o apoio no meu trabalho de inclusão digital dos professores de alguns supervisores de curso e coordenadores acadêmicos, mas nem todos. E isso também era um fator limitante, pois os professores seguiam as diretrizes vindas da liderança acadêmica e, na época, o nosso trabalho com tecnologias educacionais ainda era tangencial. Era algo visto como necessário, mas ainda não era parte estratégica institucional, o que, com os anos, foi mudando e amadurecendo em termos de diretrizes acadêmicas. Paulatinamente, o uso das tecnologias educacionais no planejamento pedagógico começou a ser intencionalmente incluído, inclusive, como parte da avaliação anual dos professores. Fomos aprendendo, na prática, sobre esses contextos que favoreciam ou se tornavam barreiras para experimentos e novas possibilidades ao corpo docente para que realmente se refletissem em novas práticas pedagógicas.

Muitas vezes a ousadia estará à frente do amadurecimento da comunidade para aceitar a aposta de testar, experimentar e mudar contextos que são parte da cultura organizacional. No entanto, se há lideranças que se arriscam em ideias audaciosas que mexem com práticas estabelecidas da comunidade e estão dispostas a enfrentar o período necessário para a mudança, as transformações acabam acontecendo no seu tempo. Para que uma comunidade aja, os membros precisam se sentir prontos para o próximo movimento. E o contexto precisa ser cultivado e se tornar propício para isso.

A ideia de ter uma Wiki para compartilhar recursos e aulas dos professores ficou dormente por alguns anos. No fim de 2006, pedi uma licença e fui morar fora, acompanhando meu marido em uma missão profissional. Nos dois anos em que estive afastada, pude explorar ainda mais o conceito de wiki com os meus pares Webheads para os cursos online e gratuitos do projeto Electronic Village Online, assim como na própria organização e gestão do projeto. Era inegável que ali havia potencial para uma arquitetura social diferente de compartilhamento e aprendizagem em rede, tendo como premissa o poder da colaboração em escala promovido pelas tecnologias. No entanto, a forma como fomos acostumados a trabalhar, em silos, com documentos nos nossos computadores e em *pen drives*, era ainda contraintuitiva em relação ao avanço que as tecnologias começavam a oferecer para práticas colaborativas.

Atualmente, a visão do histórico de documentos mostrando quem colaborou e "mexeu no queijo" da página é super comum em organizações de todos os tipos e tamanhos. Há uma década, ou até menos que isso, não era prática normalizada.

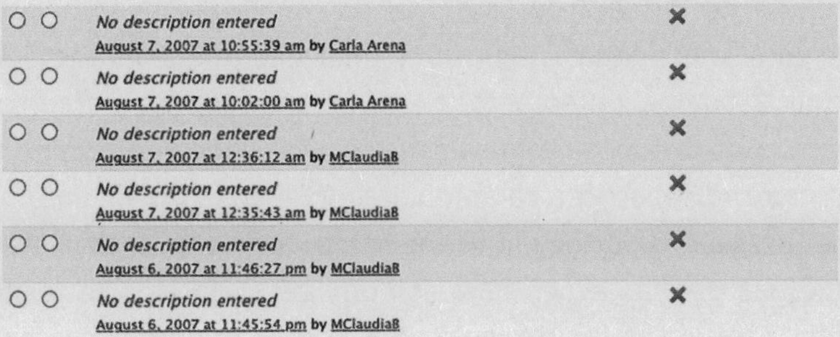

Tela de uma das wikis colaborativas de gestão do curso online
http://bloggingforbeginners.pbworks.com

No meu retorno à Thomas, em 2009, o contexto já era diferente. Era o início das mídias sociais como as conhecemos hoje. Plataformas sociais, como o Twitter e Facebook, explodiam. A Wikipédia já começava a ser mais difundida no Brasil, ainda que com ressalvas dos usuários por falta de um maior entendimento das funcionalidades e mecanismos da plataforma de checagem da veracidade das informações pela própria comunidade, alimentadas por milhares de pessoas, leigos e especialistas. O poder dos usuários na construção do conhecimento e curadoria de conteúdos intermediadas pelas tecnologias tornou-se pauta do dia.

Contexto transformado e estratégias renovadas de ação para a comunidade alavancaram a ideia fracassada da Wiki de outrora. Há ainda uma cultura de formação profissional nas organizações que valoriza o "treinamento" das massas. Damos um, dois, três treinamentos, e missão cumprida. Sabemos, no entanto, que o aprendizado é contínuo, em espiral, e quando fazemos tentativas de treinar a todos ao mesmo tempo para cumprirmos métricas de aprendizagem e desenvolvimento nas instituições acabamos por falhar. Voltei, então, com a ideia, até hoje muito presente nas minhas ações para comunidades, do uso de **técnica de guerrilha** para alavancar um projeto. Engaje e comece pelas beiradas, com aqueles que já estão com as mãos levantadas, que estão prontos, que estão te dando sinais de "Me escolha! Quero participar! Me chame!". Em toda a instituição, você consegue facilmente identificar esses profissionais, os "*early adopters*", os primeiros adotantes que já estão na fila pra comprar em primeira mão o novo modelo de iPhone, que já têm os ingressos de pré-estreia do novo filme do Star Wars, que testam novas tecnologias e apps sem medo. São "os loucos" do vídeo do Derek Sivers que aderiram primeiro à dança. Comece com eles. Para inovar em estruturas já estabelecidas, comece com os corajosos, aqueles que estão dispostos a se arriscar, a aprender com as falhas, aqueles que dizem sim antes de enxergarem as desculpas para não mudar.

Hoje tenho muito mais claro como podemos pensar em adoção de novas práticas pela perspectiva dos estudos do professor Everett Rogers sobre os estágios da difusão das inovações nos anos 1960, que vêm sendo utilizados e apropriados por várias áreas do conhecimento. Para avançarmos na gestão de comunidades, é preciso olhar para outras áreas do conhecimento humano de um modo perspicaz e estratégico para o contexto. Hoje, esse gráfico que reflete o padrão de adoção de um novo produto pode nos dar várias dicas para cultivarmos comunidades que testam novas ideias e evoluem para comunidades de práticas e aprendizagem:

Décadas antes do advento das mídias sociais, Rogers já mencionava a importância das redes sociais (físicas) na adoção de um produto e "encontrar indivíduos altamente respeitados e trabalhar com eles para criar o desejo de uma novidade". Também ressaltava a importância da comunicação para gerar sensibilização e mobilização da comunidade para qualquer nova ideia a ser adotada pelo grupo. Em seu modelo de difusão da inovação, mencionava 5 estágios:

Conhecimento — o produto não é conhecido o suficiente; o usuário não tem as informações para decidir ou não ter o produto.

Persuasão — há uma propensão do usuário para adquirir o produto, mas ele ainda precisa ser convencido.

Decisão — Momento de levar em conta os prós e contras; é vai ou racha em um processo decisório que não é totalmente racional. É baseado em percepções e sentimentos.

Implementação — Quando o usuário aceitou o produto. É o momento do teste e da decisão se o produto tem ou não valor para ele.

Difusão e adoção — Momento em que o usuário avalia a decisão de adoção do produto e se vale continuar usando ou o abandonar. Aqui, tem uma análise pessoal, mas ao mesmo tempo social, para entender se outros também estão usando o produto.

É claro que o pesquisador estava focado na adoção ou não de um produto, mas esse cenário análogo também serve para analisarmos o contexto e as dinâmicas sociais e relacionais dos participantes de uma comunidade.

Ficou claro por que a ideia que parecia tão óbvia da Wiki falhou — a falta de amadurecimento digital dos usuários, o medo do novo, a insegurança de algumas lideranças e uma comunicação inadequada. Com o novo contexto que se apresentava com a ampliação do uso da Web para produção e compartilhamento de conteúdo, e não apenas para o consumo, eu estava pronta para uma nova tentativa, trabalhando nas trincheiras, um a um, e com uma proposta de valor mais clara para a ideia.

Em primeiro lugar, criamos um nome para o espaço, CTJConnected, que traduzia uma identidade com as iniciais da instituição que era amplamente utilizada pelos professores, CTJ (Casa Thomas Jefferson), e o "connected", de conexão, dava o tom do projeto. Tinha uma mentora tech no nosso time que era especialista em criar jogos utilizando PowerPoint. Os jogos eram incríveis, traziam mais dinamismo às aulas e os modelos prontos da Lilian salvavam o dia a dia de muitos professores. Combinei com a Lilian que ela subiria os jogos mais populares para a Wiki e não compartilharia mais *pen drives* com os professores para a troca de arquivos.

A gente começou nossa "técnica de guerrilha", "Ah, você quer os joguinhos? Tá tudo no CTJConnected! Quer entrar lá para pegar?". Iniciamos o movimento, um a um. Dávamos acesso aos que se interessavam, explicávamos a ideia de um grande repositório com curadoria de conteúdo produzido pela comunidade de professores da Casa Thomas Jefferson. Alguns, meios desconfiados, começaram a questionar por que uns professores tinham acesso à plataforma e eles não. Eu dizia, "Que isso! Você quer acesso? Te dou agora". A partir daí, o movimento começou a tomar forma. Cada vez mais professores aderiram à Wiki. Em um momento inicial, nosso principal objetivo era sermos atraentes e mostrar o valor que o espaço tinha para a comunidade. Fizemos uma força-tarefa entre os mentores tech para preencher a plataforma com conteúdo de muita qualidade e valor para os professores, atingindo a questão mais nevrálgica para qualquer um deles: o tempo. Com os objetos educacionais, as dinâmicas, estratégias, planos de aula que encontravam por lá, os professores economizam tempo de preparação e tinham mais ideias criativas e dinâmicas para suas aulas.

Em uma segunda etapa do processo, começamos uma campanha de engajamento: "uma contribuição sua em forma de upload de material para a plataforma significa que toda a nossa comunidade se beneficia". E assim foi. Sem problemas? Claro que não, com vários desafios! O primeiro deles era a questão da qualidade dos materiais. Havia um sistema rigoroso de revisão por parte dos supervisores de curso de qualquer material que fosse distribuído para os alunos. Esta era uma quebra de paradigma gigante no modus operandi institucional, principalmente quando erros conceituais ou gramaticais eram encontrados nos materiais. Foi uma construção, nada fácil, de um novo paradigma, mostrando que o controle em vez de ser centralizado passava a ser feito descentralizadamente pela própria comunidade que ia se autorregulando e corrigindo as falhas no meio do caminho. A inteligência coletiva da comunidade, quando transformada e incorporada daquela maneira, proporcionava muito mais benefícios para o corpo docente do que as perdas em termos de qualidade.

Mais do que isso, as falhas passaram a ser mais visíveis e outros tipos de **intermediações** podiam ser feitas. Antes do CTJConnected e mesmo com todo o sistema de revisão de material, muita coisa passava despercebida pela coordenação acadêmica. O novo ecossistema colaborativo trazia à tona algumas lacunas e novos processos de ajustes foram criados. Houve também questões relacionadas a direitos autorais de colegas professores. Tivemos que pensar em formas de creditar a autoria, também em casos de versões remixadas de projetos educacionais autorais. Aprendizados em rede e na prática, no dia a dia, com novas questões suscitadas por processos colaborativos e digitais. Não havia dúvidas, no entanto, que os ganhos eram superiores aos desafios. Quando me desliguei da Thomas, o CTJConnected tinha saído de 0 arquivos para 20k de arquivos compartilhados e tinha se transformado num grande portal de conteúdo da comunidade e crescido em tamanha proporção que tivemos que migrar para um sistema mais robusto. O CTJConnected tornou-se o CTJNet.

Avançamos na forma como pensávamos o desenvolvimento profissional, conseguimos agregar mais professores, vários novos talentos foram descobertos. Muitos brilharam como produtores de conteúdo. Passaram a ser reconhecidos pela comunidade com elogios, notinhas de agradecimento na Wiki. Tudo isso ajudou no fortalecimento dos vínculos da comunidade educacional e na direção da estratégia digital institucional que foi amadurecendo e se tornando cada vez mais robusta.

Na prática, entendendo o contexto

A jornada do CTJConnected é a história de muitas ideias e projetos que se perdem em uma comunidade e outras que são tracionadas. Para que uma comunidade de prática e aprendizagem alavanque uma nova proposição, é necessário que os líderes dessa comunidade tenham em mente o contexto e o momento.

E dessa experiência, tivemos alguns aprendizados essenciais sobre o contexto nas quais as comunidades estão inseridas e como podemos ajudá-las a florescer.

- Entenda onde estão seus membros, o que os movem e os desafiam, sob o ponto de vista deles e não do seu;
- A comunidade se movimenta quando enxerga valor percebido nas ideias, iniciativas e projetos;
- Faça com que os projetos sejam atrativos, sexys mesmo. Pitadas de marketing e branding fazem a diferença. Tudo depende de como você "empacota" a ideia, desde o nome às ações;
- As pessoas querem se sentir reconhecidas, valorizadas;
- Comece novos projetos ou até mesmo uma comunidade com aqueles que já estão de mão levantada, os loucos da dança, os primeiros da fila, os inquietos, os curiosos;
- Utilize a técnica de guerrilha, vá pelas beiradas, com alguns movimentos potentes engaje aos poucos sem muito alarde; o boca a boca da comunidade funciona e viraliza se o projeto e/ou ideia for bem construído e tiver valor;
- Os sistemas, ideias, plataformas, novas tecnologias ou propostas só terão adesão da comunidade se, além do valor, tiverem baixa fricção de entrada, for fácil, acessível, atraente e funcional;
- Mesmo em estruturas organizacionais mais tradicionais ou com uma cultura organizacional muito bem estabelecida, há sempre brechas para novos movimentos; pode ser que o grupo ainda não esteja preparado para as ideias, que o contexto ainda não seja pro-

pício, mas a oportunidade chegará. Não desista. Apenas deixe a ideia ou projeto marinando;

- Para que uma comunidade se mobilize, há sempre uma liderança ou um grupo de líderes que trabalha incansavelmente para que a mágica aconteça; nada é tão orgânico quanto parece ser;
- Aproveite o que há de melhor das tecnologias para favorecer e reconhecer o melhor do capital humano em uma comunidade; isso faz toda a diferença e dá impulso para que a comunidade floresça e se reenergize;
- Entenda etapas e processo de uma ideia ou projeto dentro da comunidade; não atropele tempos de amadurecimento; seja como água, siga o fluxo, avance aos poucos (ps.: aprendi isso a duras penas com meu ímpeto pelo fazer, entusiasmo e intensidade!);
- Reavalie sempre o contexto — ambiente, clima, lideranças, os membros da comunidade, tecnologias — para potencializar as ações coletivas por meio de atividades, encontros, mentorias, formações, dinâmicas.

Pare um pouco e reflita sobre o contexto em que sua comunidade de aprendizagem e prática está inserida, seja em ambientes educacionais, corporativos ou comunidades locais. A seguir, um canva de análise desse contexto e o momento desses grupos para você visualizar com mais clareza o que está implícito e latente na comunidade para que, assim, consiga dar o próximo passo e transformar esses ambientes.

Cultura

Quais são os pontos favoráveis da cultura da comunidade para que as ideias e projetos avancem? Quais são os pontos de atenção? A cultura do grupo é favorável a mudanças ou quer manter o status quo?

Times, membros

Quem são os membros da comunidade que já estão com a mão levantada e dispostos a agir? Quem é aquele grupo pequeno de pessoas que pode fazer barulho e se tornar embaixadores do projeto, da ideia?

Liderança

A comunidade tem uma liderança ativa capaz de implementar mudanças? Quais são as características dessa liderança que favorecem transformações? Que história essa liderança está contando? Como essa liderança pode se organizar para tracionar as ideias?

Momento oportunidade

Por que esse é o momento para a ideia e o projeto decolar? Quais são as necessidades latentes do grupo?

Patrocinadores do projeto, ideia

Quem pode ser o patrocinador do projeto? Que dará apoio à ideia e pode inclusive trazer recursos e capital humano?

Tecnologias plataformas

Quais são as tecnologias e espaços digitais para dar forma para a ideia, projeto, um lugar de convergência de todo o processo e do resultado?

Mapeamento de desafios, entraves

Quais são os grandes entraves para ideia, projeto se concretizar? Liste aqui tudo que pode fazer com que haja inação da comunidade. E depois mapeie como combater esses entraves.

Visão

Qual é o mote do projeto? A visão, esse olhar estendido sobre a ideia/projeto que dará unidade, um objetivo comum futuro que é a liga para a ideia, que fará com que a comunidade "compre" essa ideia e siga junto? Que história coletiva a comunidade está querendo construir?

https://1pxo.com/contexto

O meu convite é para que você reúna um grupo diverso da comunidade, aqueles que já estão com as mãos levantadas para participar, os que já estão liderando, para que juntos se debrucem neste canva e discutam o que está muito além da superfície em sua comunidade.

E para esse tipo de encontro tem que ter preparação. Ele pode ter vários formatos, um encontro com todos presencialmente e com um dia para as discussões e preenchimento. O encontro pode ser desenhado para ser híbrido, com alguns líderes se encontrando, e outros interagindo online. Ou, se for uma comunidade com ramificações por todo o país ou internacional, desenhe o encontro para ser totalmente online.

Estas são algumas sugestões, que não se esgotam aqui porque ninguém melhor do que você e sua comunidade para desenharem o encontro, para dar clareza e visão do contexto em que estão inseridos e onde querem chegar. O importante é explorarem as questões da comunidade e aprofundarem as discussões no processo de preenchimento do canva.

AQUECIMENTO PRÉ-ENCONTRO

Faça o aquecimento para o encontro, já compartilhando o canva ou talvez elaborando um caderno digital com algumas perguntas para todos responderem.

DURANTE O ENCONTRO

Durante o encontro, pense com carinho em uma atividade de abertura e conexão do grupo antes de puxar os temas do canva.

Comece com as falas mais potentes da atividade de pré-aquecimento para fazer a transição para as discussões e ideias do dia.

Faça os acordos com o grupo para o gerenciamento do tempo, o rumo da conversa, a profundidade que querem chegar. Fazer acordos iniciais dá o tom, o GPS para o grupo.

Pense na forma como vai organizar o preenchimento do canva.

Terá pequenos grupos preenchendo e depois interações entre os grupos para saberem quais são os pontos em comum, o que fica e o que sai em cada grande tópico?

Como farão o preenchimento?

Para cada parte é uma rodada de discussão, ou os grupos preenchem tudo e depois no grupo maior vão por partes?

Quem irá facilitar todo o processo?

Como serão distribuídas as atividades do dia? Faça uma programação que tenha flexibilidade para mudança, mas já deixe tudo estruturado para o encontro ser produtivo e todos sentirem que avançaram nas questões.

Por fim, quando estiverem com o canva preenchido, finalize o encontro com um plano de ação do grupo.

No link a seguir está um modelo de identificação das lacunas e plano de ação para a comunidade preencher depois do canva: https://1pxo.com/lacunas-planoacao. No modelo, você também encontrará uma planilha para preenchimento e acompanhamento das ações específicas.

Finalize o encontro com uma dinâmica de conexão e lembrança do que experienciaram. Esse fechamento é importante para conectar o que vivenciaram com a volta à realidade do dia a dia e estabelecer o compromisso de cada um com as próximas etapas e ações para levarem adiante ideias e projetos da comunidade.

PÓS-ENCONTRO

Depois do encontro, é importante que os participantes recebam o canva preenchido pelo grupo, um resumo do que decidiram fazer e as próximas etapas.

O mais importante neste processo é ter um dos líderes da comunidade acompanhando os passos subsequentes e conectando as pessoas e as ações durante todo o processo.

Lição importante

Aprendi ao longo das décadas de gestão de comunidades que ideias são abundantes, e a execução, super escassa. Se não tiver alguém que lidere o processo de levar as ideias para o plano da ação e mobilizar a comunidade, elas simplesmente morrem. O/A líder da comunidade tem que ser o animador/a da torcida para garantir a energia necessária e o empenho de cada um na execução dos projetos.

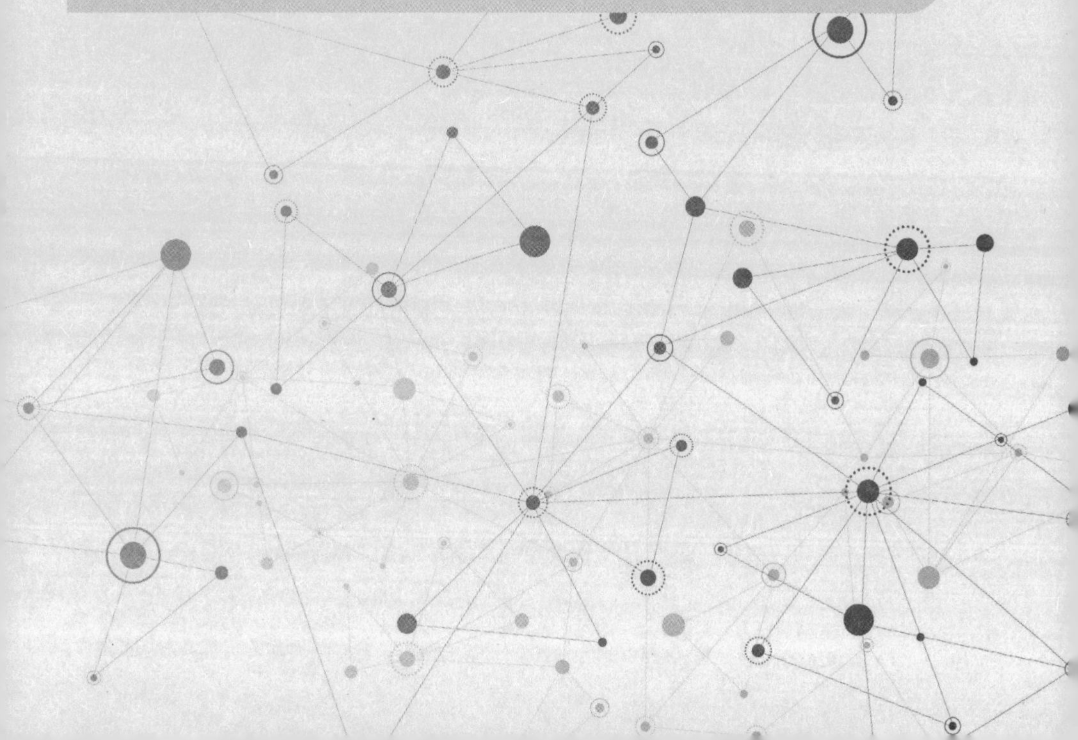

Cone-xões

A razão de ser e linguagem da coletividade: conectando pontos em comum

> **"Precisamos nos importar o suficiente para nos conectar. Precisamos nos preocupar o suficiente para nos colocar em risco, em risco emocional, ou qualquer outro tipo de risco para tocar outras pessoas e tocar uma nota que vale a pena ser ouvida. Mas também precisamos ser corajosos o suficiente para entregarmos algo antes que esteja pronto, porque nunca está pronto. Nunca é a hora certa."**
>
> Seth Godin

A cena é comum. Tem uma ou duas amigas tirando uma foto, uma selfie. De repente, entra mais uma, depois outra, e mais uma. Opa! Outra. Quando vemos é um grupo enorme de pessoas que querem estar ali, estar presente no clique da foto. O que era uma selfie, algo mais intimista, vira uma foto de um grande aglomerado, onde todos têm que participar, imortalizando o momento com uma imagem. Todo mundo conectado.

Se pensarmos bem, é assim que queremos que uma comunidade vibrante se construa e vá tendo suas próprias formas e contornos. Aquele primeiro líder que toma a iniciativa, e os outros que vão se juntando a algo maior, a uma causa, um propósito compartilhado. A primeira pergunta do grupo é por que estamos aqui e queremos estar juntos? Nas palavras de Simon Sinek <https://amplifica.me/porque>, qual é o nosso porquê? Quais são as causas, os temas, os movimentos que nos conectam às outras pessoas. A liga está aí, nesse entendimento da razão de existir do grupo, e deve ser explicitada.

ASSISTA AQUI!

No Grupo de Educadores Google Brasil, quem quer fazer parte já sabe que o GEG é *uma comunidade de educadores que aprendem, compartilham e inspiram uns aos outros com a experimentação no uso das tecnologias educacionais.*

Dois negócios digitais que sigo e curto muito, que têm comunidades fortes e trocam muito em plataformas de mensagens, também deixam claro ao que vieram.

O Instituto Amuta <https://www.instagram.com/instituto_amuta> traz a missão de *transformar as relações através do design de conexões.*

VEJA AQUI!

Tudo o que fazem está bem alinhado com esse jeito de ser e pensar, os eventos, os cursos, a linguagem nas redes, as conversas no Telegram.

E o **Contente.vc** <http://instagram.com/contente.vc> segue a mesma linha. Deixa claro qual é a pegada da tribo deles: *Uma relação de bem-estar com a internet é possível — e começa por você!*

VEJA AQUI!

Quando uma pessoa começa a orbitar, por exemplo, na comunidade do Contente.vc, sabe que lá encontrará temas relacionados à relação com o digital, trabalho, saúde mental, rotinas, relações, autopercepção, entre outros assuntos relacionados a nosso dia a dia online e offline. E é justamente na linguagem, no interagir e fazer da comunidade que a causa, a missão, o propósito, como você quiser chamar (!), se revela. Na prática, veja este exemplo de postagem da Contente.vc.

Olá, Contenters!

Como vão?

Somos muito fãs de vocês e desse canal que criamos juntos. Quantas trocas e ajudas temos por aqui e nós amamos essa relação que criamos. Com isso, queremos estreitar ainda mais essa conexão, e sermos ainda mais ativos aqui!

Esse grupo não é apenas para permitir uma troca entre nós (Contente) com vocês, mas também proporcionar um ambiente em que vocês possam trocar entre si, dando conselhos, dicas e muito mais.

(...)

Amamos nossa comunidade e queremos que esse seja um espaço cada vez mais acolhedor para tod@s.

Vamos nessa tornar essa comunidade cada vez melhor para todos?

Fonte: comunidade Telegram Contente.vc

É perceptível a linguagem próxima e acolhedora que os gestores da comunidade usam. Depois da acolhida no grupo, é na linguagem e nas propostas de interações que a comunidade vai se construindo e fortalecendo.

Uma dor muito comum

Muitas pessoas me relatam que a maior dor que elas têm em relação à comunidade é o engajamento de seus membros. Um dos primeiros passos para iniciarmos uma comunidade com solidez está nesse olhar sensível e intencional para as conexões. Como você se comunica com o grupo, que linguagem usa, como propõe as interações, como eleva as pessoas, tudo faz a diferença na liga que você dá ao grupo.

Não adianta ter uma causa, um propósito bonito se eles são incongruentes com a linguagem. Temos que ser estratégicos e intencionais na construção de uma comunicação que esteja totalmente alinhada aos valores do grupo. **A linguagem e a forma como nos comunicamos dão liga ao grupo**.

Perceba, por exemplo, o termo que o Contente.vc usa para começar a conversa: **CONTENTERS**. Esse é um marcador na linguagem para endereçar um grupo específico de pessoas e tangibilizar "Ei, você, que pertence a essa comunidade". Não qualquer um, "Você, contenter". Muitos gestores de comunidade, organizações, marcas, influenciadores fazem isso. E não é à toa. Você pode até questionar a palavra em si criada, a forma. Pode até achar meio "brega", mas esses marcadores na linguagem tangibilizam pertencimento e a comunicação com cada um que integra aquele microcosmo da comunidade. Antes, eu usava muito no Amplifica a palavra "amplificados", mas tenho intencionalmente nas minhas conversas com a comunidade me dirigido a todos no grupo como "comunidade amplifica". Uma escolha de fortalecer uma comunicação mais no sentido de "você, que faz parte da comunidade amplifica". E não uma comunicação de uma para muitos, para a massa, tipo "Ei, pessoal", "Ei, galera".

Há muitos outros marcadores que você pode utilizar, mas deve se sentir confortável com eles. Não pode ser forçado. Tem que estar interligado à identidade e à proposta de valor da própria comunidade.

A seguir, algumas ideias, na prática, de como esses marcadores podem ser traduzidos.

BORDÕES E LEMAS ESPECÍFICOS DA COMUNIDADE

No Amplifica, utilizamos muito o "aqui ninguém fica pra trás; um segurando a mão do outro" para estimularmos e tangibilizarmos as interações sociais e a aprendizagem informal, por pares. Também utilizamos em nossa comunicação com os educadores o "bem pertinho de você" que fala muito do nosso ethos, de estarmos próximos a todos da comunidade para aprendermos e evoluirmos juntos. Já quando estamos falando com profissionais em ambientes corporativos, nosso tom é outro, muito mais no sentido de "resolvemos seu problema com agilidade e soluções educacionais customizadas, na medida que você precisa".

Galvão Bueno, conhecido por seu início na narração dos esportes na Globo, trocou o seu tradicional bordão por outro. Para representar sua próxima empreitada, mantendo sua identidade construída por décadas como profissional, a sua frase passou a ser "Bem, amigos do YouTube". Uma forma dele se conectar com o público, explorando formas de produção de conteúdo e conexão por meio das novas mídias no meio jornalístico.

FORMAS DE INICIAR OU FINALIZAR AS CONVERSAS

Bia Granja e seu time no Youpix <http://instagram.com/instayoupix> utilizam como abertura da conversa, "Alô, alô pessoas da internet do dia, tudo bom?".

Podcasters usam essas estratégias bem-marcadas na linguagem para criar aproximação, conexão e identidade de forma muito consistente. Cris Dias, por exemplo, é famoso pelo seu início no podcast *Boa Noite Internet*, "Boa noite, Internet. Boa noite, Brasil. Eu sou o Cris Dias.".

Thaís Roque, no seu podcast *De Carona na Carreira*, sempre pede para os convidados darem um oi para os "caroneiros" e no final traz o pneu furado, quadro em que os convidados contam sobre suas histórias de fracasso.

No podcast do Simon Sinek, *A bit of Optimism* (Um pouco de Otimismo), ele sempre encerra com "hoje, nessa nossa conversa, o que aprendi com você foi...". E faz um resumo da conversa e aprendizados.

TERMOS/GÍRIAS/EXPRESSÕES ESPECÍFICOS DO GRUPO

Aqui é só observarmos os jovens e suas expressões que delimitam territórios de pertencimento a uma tribo específica por região, por alinhamento a uma ideia ou causa, por tema. É fascinante observá-los e perceber as nuances na forma de comunicação, com representatividade e pertencimento.

ESTILO LINGUÍSTICO

Seth Godin tem uma legião de fãs pelo mundo, e eu certamente sou uma de carteirinha. Ele tem uma newsletter que envia diariamente desde 2008. Brinco com meus amigos que ele está falando comigo, que ele escreveu aquela newsletter pra mim. Recebo várias newsletters no meu inbox, que se acumulam no meu filtro de não lidas. E qual a diferença dos não lidos para essa do Seth? O estilo linguístico. Ele é conciso, objetivo. Não leva mais de dois minutos para ler suas mensagens diárias. Ele traz percepções, provocações, informações que são relevantes, de valor. Encontrou a fórmula de trazer valor por meio de uma comunicação absolutamente direta e encantadora.

USO DE RECURSOS COMO EMOTICONS, GIFS, MEMES

As linguagens digitais que foram surgindo e estão sempre em reinvenção também fazem parte do repertório da comunicação de uma comunidade para representá-la e trazer ainda mais proximidade e conexão com seus membros. Customizar figurinhas para os grupos de mensagens é uma opção bacana. Ter certos gifs e memes para tratar de tópicos específicos, e até a escolha dos emoticons de acordo com o perfil do grupo deve ser pensada com carinho.

Alguns dos que usamos:

Criação: Karla Vidal, Pipa Comunicação

Estar no momento é o apelo inicial, como naquela foto que começa com uma selfie e se desdobra em um conglomerado de pessoas que querem fazer parte. Os possíveis desdobramentos e aprofundamentos das conversas e das conexões vão depender de como a festa, o encontro se desenrola. E é exatamente isso que acontece no início de uma comunidade. O apelo inicial pode ser a causa, mas apenas ela não sustenta o desejo de estarmos próximos e conectados. Há vários elementos que devemos estruturar com intenção e estratégia para cultivarmos uma comunidade, a começar pela linguagem, a forma como nos comunicamos e interagimos com o grupo.

Na prática, dando liga à comunidade

Se você faz parte de uma comunidade e quer fortalecê-la, chega um momento em que o que era fluido e foi se auto-organizando precisa de algum tipo de sistematização como forma de relembrar aos membros dessa comunidade o porquê e como estarão juntos, o que os mantém próximos. A causa e a linguagem também são ótimos direcionadores e ponto de atração para aquelas pessoas que ainda não fazem parte do grupo, para entenderem se aquela comunidade faz sentido para elas e se está alinhada aos valores e causas de cada um.

Que tal um desafio para você e os membros da comunidade analisarem intencionalmente esses dois elementos que mencionei anteriormente e que dão a liga para a coletividade:

- Razão de ser, causa, movimento, propósito, o que você ou seu grupo quiserem chamar 😊
- Marcadores de linguagem da comunidade

A CAUSA

RODADA 1

Refletindo individualmente sobre o propósito da comunidade

Faça uma ou mais perguntas abertas e deixe que as pessoas reflitam individualmente sobre a essência, o ethos, o propósito da comunidade, cada uma anotando suas ideias:

Por que nos encontramos e nos reunimos?

Qual é a nossa causa?

Qual o nosso objetivo?

RODADA 2

Compartilhando sobre a liga da comunidade

Grupos de até quatro pessoas se formam e compartilham as ideias que tiveram individualmente; o grupo elege um dos membros para ser o escrivão e anotar os pontos principais. Ao fim do tempo determinado pelo facilitador da sessão, quem anotou o que foi dito no grupo resume as ideias. Enquanto o escrivão fala, todos anotam as principais palavras e expressões que dão o contorno da comunidade.

RODADA 3

Refinando o entendimento sobre a essência e o valor da comunidade em uma frase

Cada um no grupo dá uma lista de palavras e expressões que representam a comunidade. Pode ser feito em post-its, pois fica mais fácil todos no grupo categorizarem por palavras comuns, ou essa lista pode estar em um documento digital colaborativo. O grupo decide pelas 10 ou 15 palavras/expressões que representam a comunidade. Com as palavras/expressões definidas, cada membro do grupo tenta então fazer uma outra versão baseada nas palavras/expressões que escolheram. Depois do tempo definido pelo facilitador/pela facilitadora, cada membro do grupo compartilha sua frase.

RODADA 4

Desafio do grupo: sintetizando a causa, o propósito, o movimento em uma tagline, um mote que capture a alma e o valor da comunidade.

Antes de iniciar a rodada 4, a facilitadora/o facilitador mostra alguns exemplos de tagline para o grupo para eles entenderem as principais características: deve ser inspiradora, curta, convidativa, memorável e reflete a essência da comunidade.

Confira o modelo que preparei para usar nessa dinâmica:
https://1pxo.com/taglinesmemoraveis

Alguns exemplos de taglines marcantes:

- **TED**: Ideias que valem a pena espalhar.
- **Greenpeace**: A mudança é possível.
- **Delta**: Voe com orgulho as suas cores.
- **Guaraná Antartica**: Original do Brasil.
- **PNUD (Programa das Nações Unidas para o Desenvolvimento)**: Empoderando vidas. Fortalecendo nações.
- **Movimento Panela Cheia**: Fome mata. Panela cheia salva.
- **CUFA**: Fazendo do nosso jeito.

E esta de um cara que curto muito, **Gustavo Ziller**, educador, atleta, escritor e palestrante: Dedicar meu tempo para a prosperidade de pessoas que estão ao meu redor.

O facilitador/a facilitadora deve pedir para o grupo considerar uma frase que represente a comunidade e seja simples. A frase deve focar em algum aspecto único da comunidade, seja os benefícios, o valor, a percepção ou o sentimento que quer despertar.

TESTE DA TAGLINE MEMORÁVEL

Se tiver tempo, faça essa brincadeira com o grupo antes deles escreverem as sugestões de taglines. Dê algumas taglines famosas e veja se eles sabem de que marca é, qual empresa ou produto representam.

* QUIZ DAS TAGLINES *

- De mulher pra mulher, _______. (Marisa)
- Existem coisas que o dinheiro não compra. Para todas as outras existe ______. (Mastercard)
- Mil e uma utilidades. (Bombril)

- _____ te dá asas. (Red Bull)
- Bem estar bem. (Natura)
- Todo mundo usa. (Havaianas)
- Bom pra burro. (Dicionário Aurélio)

Para fortalecer ainda mais as conexões, solidificar e tangibilizar essa identidade com os entrelaçamentos que unem o grupo, que tal, depois da dinâmica com os membros da comunidade, deixar tudo isso visível em um pôster, na descrição no site da comunidade, mídias sociais e informações sobre o grupo nos apps de mensagem? Lembrar visualmente do que nos une é uma forma de reforçar quem somos e por que nos reunimos.

Uma curiosidade

A Patagônia, uma marca norte-americana de roupas e acessórios esportivos, mudou em 2018 a sua missão de “Construir o melhor produto, não causar danos desnecessários, usar os negócios para inspirar e implementar soluções para a crise ambiental” para “A Patagônia está no mercado para salvar nosso planeta”. Uma frase mais curta, simples e memorável, que traz em sua essência a razão de ser da marca muito além de seu foco no produto. E a marca leva esse propósito tão a sério como parte de seu ativismo ambiental que o seu fundador, Yvon Chouinard, doou em 2022 todo o capital da empresa para a luta contra mudanças climáticas. Não é apenas uma frase. É um propósito que se reflete em linguagem e ações.

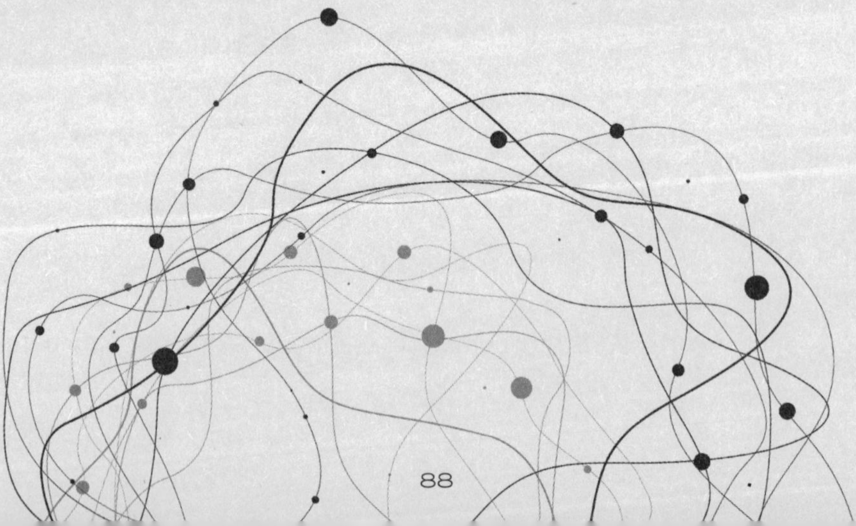

O chão de uma comunidade: confiança

"Nós, seres humanos, parecemos ansiar por estruturas — princípios organizadores nos quais operar. Na ausência de um quadro produtivo, é muito provável que construamos em nossas cabeças um quadro que é inútil ou realmente negativo."

Amy Edmondson

O que tenho mais visto florescer em todos esses anos — fazendo parte de comunidades e liderando outras — foi o talento humano. Ainda fico perplexa toda vez que vejo profissionais extremamente habilidosos, engenhosos, inteligentes que não se enxergam em todo o potencial que possuem. Vivo nessa missão de potencializar esses talentos. Acredito que é exatamente por meio dessas pequenas transformações que mudamos pelo menos parte do mundo. Um a um em suas especialidades e aptidões. É neste território da coletividade impulsionado por comunidades de aprendizagem e prática que esses profissionais, quando entendem, se engajam e participam, prosperam pessoalmente e profissionalmente.

Para essa "revolução molecular", como diriam os filósofos Deleuze e Guattari, é preciso passar por um processo de autoconhecimento por meio de pequenas revoluções diárias, microscópicas e permanentes, que vão se somando para capturar novos desejos, ações e, principalmente, novas possibilidades de ser, pensar e agir. O poder das comunidades está justamente em nos afirmarmos por meio de nossa singularidade.

Para as pessoas amadurecerem e chegarem ao desenvolvimento pleno de suas potencialidades humanas, as comunidades devem oferecer um espaço receptivo, acolhedor e inclusivo para quem entra e para quem já faz parte do grupo. Os indivíduos precisam sentir que, naquele espaço coletivo, podem se expressar, criar, convergir e divergir sem medo de retaliações, em um ambiente que traga segurança psicológica e apoio emocional para avançarem na autotransformação deles. É o transcender das próprias limitações impostas socialmente ou até mesmo por eles mesmos. Na comunidade, começamos a nos ver em nossa essência mais subjetiva e singular.

Esse processo, no entanto, não acontece milagrosamente. É preciso intencionalidade nos rituais, nas estruturas de apoio aos membros, proporcionando a eles esse sentimento de segurança para ousar, para testar novas formas de ser e agir. A comunidade deve ser esse grande laboratório de experimentações em que errar é apenas parte do processo evolutivo das pessoas, de uma ideia ou de um projeto. Como a professora e pesquisadora Amy Edmondson nos lembra: "a segurança psicológica é a crença de que não seremos punidos ou ridicularizados quando erramos". É a segurança psicológica que nos torna mais abertos, resilientes e persistentes, nos dando a coragem de sermos mais ousados e assumirmos riscos maiores do que estamos acostumados.

Trabalhando em empresas e com empresas ao longo da minha vida profissional, percebo o quanto essa segurança psicológica é minada em muitas organizações. Tudo o que um colaborador poderia ser ou se tornar tem como barreira a própria liderança, que não encoraja o desenvolvimento das capacidades e talentos profissionais de suas equipes. Por outro lado, as lideranças que entendem e sistematizam esses espaços coletivos e colaborativos têm retornos de produtividade, além de ideias e projetos inovadores.

RITUAIS COMO ATENÇÃO E CUIDADO

É então na criação e sustentação de rituais das comunidades que a atenção e o cuidado se manifestam como base para essa segurança psicológica. É nos rituais que construímos significados compartilhados e fortalecemos os laços comunitários, além do sentimento de pertencimento, do estar e se sentir em casa. Os membros da comunidade têm os rituais como bússola para navegar em suas experimentações, se conectar com outros membros e afirmar suas identidades e individualidades dentro dos laços sociais que vão sendo tecidos e aprofundados ao longo do tempo e em comunidade.

Mas que tipo de rituais são esses?

Eles vão desde a forma como os novos membros são acolhidos no grupo, as celebrações, certas rotinas quando iniciamos os encontros presenciais ou online, até os rituais de transição, as tradições semanais ou diárias do grupo, entre tantos outros.

Os rituais, além de fortalecerem as conexões e identidade do grupo, são pontos de convergência para as pessoas e de coerência das ações. Eles trazem visibilidade para os processos. E têm funções múltiplas.

Eles podem:

- estar relacionados à valorização dos membros;
- dar o tom da acolhida de novos membros;
- ajudar a aumentar o nível de energia do grupo;
- proporcionar mais engajamento e conexão entre os membros;
- dar ritmo às atividades da comunidade;
- acolher os membros em momentos de dor e sofrimento;
- ajudar a quebrar hábitos indesejáveis.

Em geral, esses rituais vão sendo construídos ao longo do tempo, alguns de forma mais orgânica sem um nível de consciência de que aquela ação é um ritual, mas que, ao longo do tempo, começa a fazer parte das rotinas e processos do grupo. Outros rituais vão sendo estruturados intencionalmente para solucionar os próprios desafios de conexão e relacionamento das comunidades.

Tá, entendido! E na prática? Como esses rituais se manifestam?

Adoro o exemplo da Priya Parker em seu livro *A arte do encontro*. Ela conta de um de seus rituais nos encontros com executivos em conferências e fóruns mundiais. No ritual dos 15 brindes, Priya reúne 15 líderes corporativos antes do início do evento para estreitar laços e fazer com que as pessoas se dispam de suas máscaras corporativas a fim de que tenham um encontro mais produtivo. No jantar, ela propõe um brinde a determinado tema e pode ser qualquer tema, por exemplo, boa vida. Os participantes do jantar contam uma história relacionada ao tema e brindam. Para incentivar a participação de todos, há uma outra regra: quem fica por último terá que cantar o seu brinde. Ninguém quer ser a última pessoa a brindar! Os executivos, por meio de suas histórias ou experiências pessoais, acabam por criar conexões e vínculos iniciais do grupo nessa ritualização de início de uma conferência importante. E isso ajuda a dar o tom e profundidade necessários para os próximos dias de evento.

No Grupo de Educadores Google, comecei a perceber um certo desconforto dos membros iniciantes em relação aos membros mais antigos que estavam na mesma cidade ou região. Havia, em muitos casos, um certo territorialismo, e até questões de senioridade no grupo surgiam, mesmo eu falando que o GEG era um programa voluntário, horizontal, onde não estávamos em uma empresa com chefe ou hierarquias, e que os líderes poderiam trabalhar colaborativamente na construção de ações locais ou, paralelamente, cada um fazendo seus próprios movimentos de formação dos educadores. Falar e repetir não bastava. Entendi que precisava de algo mais assertivo e sistematizado que se estabelecesse como um ritual de entrada. Os novos membros deveriam se sentir acolhidos e vistos para entrarem de forma mais confortável, sem incômodos para nenhuma das partes. Neste caso, o ritual dava o tom da acolhida. Foi algo supersimples, mas que tem funcionado. O ritual é repetitivo em sua forma para ser lembrado, para fazer parte do ethos da comunidade e para ser transparente. Todos devem saber e entender "as regras do jogo" social.

Nesse ritual de iniciação há dois momentos. O primeiro é uma mensagem que envio destacando as palavras-chave de nossa comunidade antes de convidar os novos membros para entrarem no grupo. Aqui está o exemplo da mensagem.

Queridos líderes, nossa comunidade GEG continua em crescimento e hoje daremos as boas-vindas para mais um grupo de novos líderes.

E aqui algumas palavras-chaves para a gente:

ACOLHIMENTO — *Façam que todos os novos líderes se sintam acolhidos e parte da nossa comunidade.*

HORIZONTALIDADE — *O GEG é de todos e servimos ao outro; não temos hierarquia, territorialidade ou senioridade. A ideia é que todos os líderes são colíderes e que todos se sintam assim.* 😍

COMPARTILHAMENTO — *Quando tiver contato com o novo líder, compartilhe informações, experiências, aprendizados aos poucos e tb as atividades do GEG e dê permissão nas redes sociais.*

CORDIALIDADE — *O acolhimento passa pela nossa linguagem, pela forma cordial, informal e próxima que abordamos nossos membros.*

Que o GEG Brasil continue a jornada de crescimento e amadurecimento da comunidade que tem sido construída por aqui com as ações, atividades e colaboração de todos os membros. Que nossos projetos GEG reverberem cada vez mais entre os educadores brasileiros e que a gente continue os servindo em nossas ações voluntárias, cheias de energia, alegria e generosidade de cada um aqui. 😍

Obrigada por tudo que vcs fazem e vamos juntos nessa jornada. 🚀

E hoje acolhendo mais um grupo de novos líderes.

A segunda parte desse ritual de acolhimento dos novos membros é dando as boas-vindas a eles para todo o grupo, com o nome de cada novo membro e de que cidade eles são e pedindo para que os outros líderes GEG façam a acolhida, falando deles e de suas ações. Eles sempre contribuem e isso faz com que a ansiedade dos que estão iniciando diminua.

De fato, esses rituais simples elevam os indivíduos e baixam o nível de insegurança que as inquietações iniciais nos causam. Na verdade, foi uma escuta ativa na comunidade que me fez perceber que havia ali uma fricção inicial que poderia ser contornada. E o papel da gestão de comunidade está muito ligado a ter esse radar sempre antenado para criar uma arquitetura de conexões significativas e de valor para todos desde o início da jornada.

Jacques Martiquet, facilitador, gestor de comunidades e conhecido como "The Party Scientist", tem uma forma especial de receber cada membro que entra em sua comunidade. Tira uma selfie com cada um e a publica, criando um ritual de entrada, de acolhida que reduz a ansiedade de quem entra e já faz com que todos visualizem os novos membros, gerando uma conexão inicial e visual com os iniciantes.

Esse lado mais humano, conectivo e sistematizado na comunidade é uma outra forma de gerar vínculos, baixar o grau de ansiedade dos membros e estabelecer um círculo de segurança para todos. Mas há também outras formas ritualizadas para aumentar a energia ou promover o engajamento. Durante a pandemia da covid-19 tínhamos o desafio de realizar o GEG Summit, uma conferência anual do Grupo de Educadores Google do Brasil, trazendo a mesma energia e *vibe* do evento presencial que ocorria no escritório do Google e já tinha sua magia estabelecida. Mantivemos o ritual do modelo de cards para as mídias sociais que os membros sempre compartilhavam com o "Eu vou" antes do evento, mas algo que decidimos trazer para criar o espírito alegre e de emoção foi o ritual do "bater dos tambores". Em certos momentos do evento online, quando chamávamos os palestrantes ou queríamos puxar novamente a atenção dos participantes, todos abriam as câmeras e microfones e faziam a batucada em suas mesas. Um ritual de pulsação e elevação da energia para manter todos ali, atentos, ligados e conectados.

O tom das conexões: a causa, a missão e o manifesto

> **"Essa é sua vida. Faça o que você ama, e faça com frequência. Se você não gosta de algo, mude. Se você não gosta de seu trabalho, saia. Se você não tem tempo suficiente, pare de ver TV."**
>
> Manifesto Holstee

Falamos da importância na intencionalidade da linguagem e de explicitar a causa de uma comunidade para que os membros entendam por que estão ali e no que seus objetivos, metas e sonhos pessoais e profissionais se alinham com o grupo. Um outro elemento que evidencia as intenções e pilares de uma comunidade de aprendizagem e prática é o manifesto.

O manifesto expressa textualmente o sentido, as configurações e a causa que dão liga às pessoas que se conectam. O manifesto, assim como os rituais, dá o tom, resumindo a essência de uma comunidade.

Muitos gestores de comunidades já se preocupam inicialmente em criar um manifesto, mas, na minha experiência, e no que tenho vivenciado, construir um manifesto surge da conexão do grupo e não necessariamente em um marco zero quando as pessoas ainda estão se conhecendo e se conectando. Muitas vezes o esforço colaborativo do texto desenrola-se depois de um amadurecimento e da percepção do grupo como parte de uma comunidade que quer sensibilizar, conectar e reconectar os que participam dela e também mostrar quem são e a causa, a missão para quem não faz parte.

Will Richardson, educador, pesquisador e palestrante, empreende na área de educação com o Big Questions Institute. O BQI tem como missão ajudar líderes educacionais a desenhar o futuro por meio de práticas investigativas. A comunidade do BQI, formada a partir das palestras, workshops, clubes do livro e vários programas de desenvolvimento profissional, é fortalecida pelas trocas constantes entre seus membros e pelas provocações do próprio Will Richardson, com perguntas para reflexão iniciadas por artigos, pesquisas e relatórios de tendências educacionais. Além disso, entendendo a inquietação dos educadores e líderes educacionais, e totalmente alinhado à missão do Big Questions Institute, Will iniciou em 2023 um movimento dentro da comunidade chamado de Schoolpunk, com a seguinte provocação inicial para guiar as discussões, atividades e ações do grupo:

Como seria um sistema ou estrutura para educar crianças se a humanidade conseguisse responder aos grandes desafios contemporâneos que enfrentamos com ênfase na regeneração, justiça, bem-estar e relevância e, mais importante, como chegar lá?

E para dar o tom para as interações do grupo, Will fez o seguinte combinado na plataforma digital da comunidade:

Compartilhe links ou recursos que ofereçam sinais do futuro que possam impactar nossa compreensão da educação.

Compartilhe as práticas que você está usando em suas comunidades para desenvolver a capacidade de se engajar na "imaginação radical" e na "investigação destemida" sobre o futuro.

Participe das atividades e explorações colaborativas que postaremos aqui.

Contribua conosco de quaisquer outras maneiras úteis que puder.

Os Schoolpunkers, educadores e líderes educacionais de várias partes do mundo, têm se reunido não só para discutir o futuro da educação, tendo a pergunta inicial como base para as trocas, mas têm também considerado possíveis ações. Depois de alguns encontros, a missão e o manifesto Schoolpunk foram sistematizados para dar clareza e tangibilizar o que esse movimento da comunidade representava.

MISSÃO SCHOOLPUNK

Articular uma visão clara e convincente para um futuro aspiracional da educação com ênfase na regeneração, justiça, bem-estar e relevância, e começar a esclarecer um caminho para esse futuro.

MANIFESTO SCHOOLPUNK

ACREDITAMOS QUE

A ATUAL CULTURA EDUCACIONAL EXISTE EM UM ESTADO DE "KOYAANISQATSI", OU SEJA, É UM MODO DE VIDA QUE REQUER UM NOVO MODO DE VIVER.

SOMOS TODOS APRENDIZES E TODOS SOMOS PROFESSORES.

A INVESTIGAÇÃO, IMAGINAÇÃO, INSPIRAÇÃO E CURIOSIDADE SÃO FUNDAMENTAIS PARA ENCARAR OS DESAFIOS QUE ENFRENTAMOS E PARA ARTICULAR UM FUTURO ALTERNATIVO PARA A EDUCAÇÃO.

O FUTURO ASPIRACIONAL DA EDUCAÇÃO JÁ EXISTE; APENAS NÃO É DISTRIBUÍDO UNIFORMEMENTE.

A SABEDORIA E A PRÁTICA INDÍGENAS SÃO GUIAS PODEROSOS PARA O FUTURO.

CADA PESSOA TEM UM PODER INERENTE,
E O PAPEL DA EDUCAÇÃO É EXTRAIR O PODER DE CADA CRIANÇA E AMPLIÁ-LO, EM VEZ DE RESTRINGI-LO.

UMA “EDUCAÇÃO” DEVE BENEFICIAR O MUNDO TANTO QUANTO O INDIVÍDUO.

HÁ DIGNIDADE EM CADA PESSOA.

A COMPAIXÃO, OU EMPATIA EM AÇÃO, ESTÁ NO CERNE DE HONRAR A DIGNIDADE E A JUSTIÇA SOCIAL PARA TODOS OS SERES; DESENVOLVER O PERTENCIMENTO — A NÓS PRÓPRIOS, AOS OUTROS, AO MUNDO.

FACILITAR CONVERSAS IMPORTANTES, QUE VÃO DAS IDEIAS À AÇÃO EM UM ESPAÇO DE PROFUNDO RESPEITO, INCLUSÃO, DIGNIDADE E PROPÓSITO, É UMA HABILIDADE IMPORTANTE QUE OS ALUNOS PRECISARÃO PARA COCRIAR O MUNDO EM QUE DESEJAM VIVER.

A NATUREZA CONTÉM MUITAS DAS RESPOSTAS PARA NOSSOS MAIORES DESAFIOS.

CRIAR RELACIONAMENTOS E CONEXÕES DEVE ESTAR NO CENTRO DA EDUCAÇÃO.

NOSSAS COMUNIDADES SÃO O QUE NOS ESTRUTURA, NOS MANTÉM E O QUE PRECISAMOS RETRIBUIR PARA AFIRMAR NOSSA HUMANIDADE, HUMILDADE E ESPERANÇA COMPARTILHADAS.

Com encontros semanais, muitos liderados pelo próprio Will e outros por voluntários, a comunidade de Schoolpunkers está direcionando a atenção para as ações ousadas que pretendem fazer para cumprir a missão que se propuseram e dentro das premissas e princípios explicitados no Manifesto Schoolpunk. São nesses pequenos movimentos coletivos de inquietações, questionamentos e inconformismo, com uma liderança que puxa as discussões e a causa, é que a mágica das transformações acontece, uma a uma, pouco a pouco. E mesmo que nem tudo o que é proposto se concretize, as pessoas já tiveram suas metamorfoses pessoais e podem, de alguma forma, impactar seus círculos locais de atuação. Não importa o tamanho do movimento, o importante é começar e colocar a roda para girar.

Na prática, a criação do Manifesto

Gosto de começar a dinâmica do manifesto da comunidade explorando a percepção do grupo sobre seus contextos e as comunidades às quais pertence.

DINÂMICA 1: AQUECIMENTO

- Individualmente, os participantes da dinâmica respondem em post-its às seguintes perguntas:
  - → O que te remete a comunidades? Quais são suas memórias de comunidades?
  - → A quais comunidades você pertence?
  - → Quais os elementos marcantes dessas comunidades?
- Os participantes colam seus post-its em um mural e observam o que os colegas escreveram.
- Em pares, a moderadora/o moderador pede para que os participantes compartilhem com seus colegas o que notaram que têm em comum, o que divergiu dos outros.
- Em seguida, os participantes devem pegar seus celulares, procurar por uma foto que represente um momento em comunidade para eles e compartilhar com o/a colega. A moderadora/O moderador pede para que alguns dividam com todo o grupo o que conversaram com os colegas e as percepções sobre as notas nos post-its.

DINÂMICA 2: VALORES E MISSÃO

Em grupos, os participantes exploram as seguintes perguntas:

- Quais são os **principais valores** da nossa comunidade?
- Qual é a **missão** da nossa comunidade?

Depois que os grupos discutirem suas ideias e escreverem suas respostas, a moderadora/o moderador puxa de todo o grupo os principais pontos, os valores em comum e alinha a missão baseada no que foi dito por todos. Em alguns casos, a comunidade já tem a missão bem estabelecida e tangibilizada para todos; em outros, esse é um momento importante de alinhamento.

DINÂMICA 3: EXEMPLOS DE MANIFESTOS

Geralmente, começo essa etapa do processo contando um pouco a história do Manifesto Holstee, que representava a visão de sucesso dos fundadores da empresa. O objetivo do manifesto era o de criar algo sobre o qual os colaboradores da empresa pudessem refletir se alguma vez se sentissem presos ou se encontrassem vivendo de acordo com a definição de felicidade de outra pessoa. O Manifesto Holstee era um convite para que os colaboradores da empresa vivessem uma vida plena, criativa, apaixonada e comunitária. E tangibilizava de forma clara e objetiva os valores e missão da Holstee. Esse manifesto fez tanto sucesso que virou pôster, caneca, entre vários outros produtos.

ASSISTA AQUI!

Depois de contar a história, passe o vídeo do manifesto The Holstee Manifesto: Lifecycle Video (https://youtu.be/QDmt_t6umoY) e leia também como inspiração.

Se tiver tempo, apresente mais um manifesto.

Um popular, com a história de um grupo de geeks também inconformados e querendo mudar a forma de gerenciamento de projetos, é o Manifesto Ágil (https://pt.wikipedia.org/wiki/Manifesto_%C3%81gil). Ele foi escrito quando um grupo de 17 desenvolvedores da comunidade Xtreme Programmers se reuniram em um ski resort para debaterem o futuro do desenvolvimento de softwares e das metodologias que utilizavam.

LEIA AQUI!

DINÂMICA 4: CRIANDO O MANIFESTO DA COMUNIDADE

Depois de terem discutido os valores e missão do grupo, terem explorado exemplos de manifestos, é hora de criar.

Os grupos trabalham colaborativamente, revendo os post-its e os pontos principais da discussão para gerar seus manifestos. Utilizo essa estrutura para guiar os grupos em uma criação com fluidez e objetividade:

QUEM SOMOS
NO QUE ACREDITAMOS
POR QUE FAZEMOS
COMO FAZEMOS

Essa dinâmica pode ser escrita em papel ou ser feita colaborativamente em um documento digital.

Após o período de criação, os grupos apresentam seus manifestos para todos.

Na última fase, organize um grupo de voluntários de cada grupo para se reunirem e escreverem um manifesto único da comunidade. Esta etapa pode ser feita com esses voluntários se reunindo remotamente ou depois do encontro.

Depois da versão final do manifesto ter sido organizada, é importante ser apresentada para todos. Quando aprovada, peça ajuda na comunidade para dar uma "cara" para o manifesto em forma de pôster, vídeo, o que achar que faça sentido para que ele faça parte de rituais da comunidade, por exemplo ser lido no começo ou final de conferências do grupo e no acolhimento de novos membros.

Confira no QRCode alguns manifestos que já apoiamos na criação e imagens dessa dinâmica.

Criar o manifesto é dar uma forma irresistível à comunidade, alinhando o que a move, como pensa e para onde quer ir. É concretude para o que as pessoas coletivamente querem realizar e por que estão juntas.

Por mais manifestos

Além da colaboração para o manifesto, uma dica para os gestores da comunidade é incentivar seus membros a criarem um manifesto próprio, que os direcione, que revele sua essência, valores e missão de vida. Essa dinâmica de criação que reenergiza a comunidade pode ser motivo para encontros, trocas, descobertas e conversas mais profundas do grupo.

Cura-
doria

A sistematização como conexão de pontos

> **"A mudança vem lentamente e é facilitada por meio de modelagem constante e paciente por aqueles que estão incorporando novas tecnologias em suas próprias vidas profissionais."**
>
> Vance Stevens

Durante esse mergulho até aqui em comunidades e o que podemos fazer para torná-las mais vibrantes, acessíveis, em um ambiente saudável e que gere valor para os seus membros, Vance Stevens, um dos precursores dos Webheads e que liderou a comunidade por muitos anos, promovendo encontros e proporcionando conexões, faleceu. Fiquei devastada porque queria ter conversado com ele para trazer ainda mais ideias e insights sobre o cultivo desses laços entre pessoas. Vance foi o propulsor de muitas mudanças profissionais na minha vida e segue comigo na minha jornada. E trago isso para cá porque está totalmente conectado com o tema de curadoria. Na verdade, Vance nos deixa um legado em forma de uma aula magna sobre sistematização e documentação de uma comunidade. Uma pesquisa rápida no Google por "*Webheads in Action*" ou "*Webheads Vance Stevens*" traz páginas e páginas de conteúdo do que foi produzido pela comunidade e tão brilhantemente documentado pelo Vance nas mais de duas décadas de existência dos Webheads, capitaneadas por sua liderança e distribuídas pelo mundo nas lideranças locais.

Essa curadoria do que foi produzido pela comunidade e para a comunidade é o maior legado, registro e memória que ficam disponíveis e capilarizados em várias mídias e formatos. Foi sistematicamente construída e mantida com intencionalidade para cumprir alguns papéis:

- Ter o histórico da comunidade
- Dar uma ampla perspectiva das interações, experimentos e oportunidades de conexões pessoais e desenvolvimento profissional promovidas por membros da comunidade
- Tangibilizar a identidade da comunidade por meio de textos, artigos acadêmicos, espaços/plataformas de interação, histórico dos membros, álbuns de fotos
- Registrar os nós de conexões entre membros, conteúdos e produções
- Conectar os pontos: mostrar o que a comunidade faz, onde está, o que explora, o que aprende, o que já testou

- Sistematizar os aprendizados coletivos e conhecimentos e deixá-los visíveis
- Deixar organizado o legado construído pela comunidade
- Simplificar o acesso rápido de conteúdos, informações, membros da comunidade
- Ter variadas portas de entrada para a comunidade por meio da sua divulgação em diferentes formatos e em múltiplas plataformas digitais
- Inspirar outras comunidades

Quando uma comunidade começa a tomar forma, passando de uma rede de pessoas para algo mais próximo, de relacionamentos e interesses comuns, com uma identidade própria, naturalmente o grupo precisará se organizar de alguma maneira. Inicialmente, nada é tão intencional ou amadurecido e, muitas vezes, inclusive, acabamos abrindo diversas frentes, plataformas e espaços que ficam difíceis de manter. Com o tempo, surge a necessidade de sistematizações mais organizadas.

Por onde iniciar essa sistematização?

Quando iniciei meu trabalho como gestora da comunidade do Grupo de Educadores Google do Brasil (GEG Brasil), havia ainda uma cultura de entrega de brindes para os novos membros, resquício do início de uma campanha de atração dos primeiros líderes locais. Segui nessa linha por um tempo, mas entendendo que uma abordagem de recompensa não levaria a comunidade muito longe. Precisávamos gerar valor por meio das conexões, das possibilidades de aprendizagem, capitalizando na inteligência coletiva do grupo que tinha profissionais de várias áreas do conhecimento, capilarizados em várias regiões do país, em seus contextos diversos. Cenário perfeito para o amadurecimento de práticas e aprendizagens contínuas. As interações e compartilhamentos eram fluidos no grupo, mas entendi que, apesar de estarmos em um coletivo distribuído, uma das formas de manter a comunidade viva, vibrante e em contínua evolução, agregando valor aos membros, era a sistematização das práticas e conversas.

Passei pelo mesmo processo em uma Associação que assumi um papel de liderança e trabalhei voluntariamente por algum tempo. Tínhamos várias ações para a comunidade, mas as informações e o conhecimento do grupo ficavam dispersos. Percebo que, na maioria desses espaços coletivos, a vontade de profissionais se conectarem e criarem algo é forte, mas falta a sistematização e registro de aprendizagens e práticas até para que todos entendam onde estão e tenham a visão para onde querem ir, além de ficar o registro e histórico para novos membros, e a busca de informações sobre ações passadas.

Em ambos os casos, fomos criando sistemas de curadoria de conteúdo compartilhado pelo grupo, organizando as informações para ficarem como referência, de fácil acesso para os líderes da comunidade e criando um acolhimento estruturado para os novos membros. Além de promovermos um espaço seguro e organizado de trocas, fomos aos poucos e continuamos criando o legado da comunidade, com a organização dos espaços de troca, das conversas, dos compartilhamentos, de conteúdos, alavancada pelas tecnologias que tínhamos disponíveis.

Nada precisa ser rígido, até mesmo porque há fluidez nas dinâmicas de interação das pessoas e nas ferramentas digitais que atendem a determinadas estratégias do grupo, mas é preciso pensar no uso das tecnologias, espaços e plataformas disponíveis para estruturar essa curadoria dos membros e suas interações, conteúdos e produções. Pense em três aspectos essenciais que precisam ser organizados, planeje o ecossistema e defina quais as tecnologias podem te ajudar na forma como:

- os membros se **comunicam** e se **conectam**
- **colaboram** para aprender e gerar ideias
- **criam** e desenvolvem projetos

Use este diagrama como seu guia inicial.

E faça o exercício para estruturar essas formas de organização e curadoria na comunidade, usando este modelo: https://1pxo.com/modelocuradoria.

Visualizando a arquitetura de informações e curadoria em uma comunidade

Curadoria

Sistematizacão e registro na comunidade

COMUNICAÇÃO | CONEXÃO

1

Espaços de trocas, conversas e encontros da comunidade e os registros dessas conexões

Onde nos encontramos? Quais são os pontos de contato? Onde e como acolhemos novos membros na comunidade? Onde deixamos registradas essas conexões? Como são feitos esses registros e por quem?

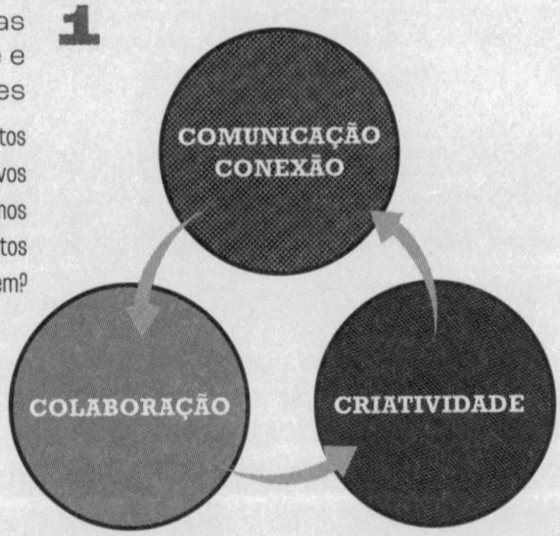

3

CRIATIVIDADE

Processos criativos, produções coletivas da comunidade, projetos e os registros dessas práticas

Que ferramentas usamos para criar? Onde e como deixamos registradas as produções da comunidade? Qual a plataforma ou quais são as plataformas de repositório das produções e projetos?

2

COLABORAÇÃO

Plataformas, ferramentas que promovem práticas colaborativas na comunidade e os registros

Que ferramentas usamos para colaborar? Como são iniciadas essas práticas colaborativas? Quem organiza? Onde e como deixamos registradas essas colaborações?

Nos Webheads, o Vance Stevens era o grande arquiteto e sistematizador das informações e pontos de conexão do grupo. Vários membros contribuíam na curadoria, mas Vance era consistente em manter as informações disponíveis para todos. Além disso, como éramos uma comunidade de educadores interessados em experimentar a aplicação prática das novas tecnologias, baseada em premissas teóricas, também sugeríamos novas ferramentas ou mudanças de algumas ferramentas digitais ao longo dos anos. Em outros casos, havia a descontinuidade de algumas plataformas. Então, migrávamos para outras com objetivos de uso similar.

No GEG Brasil, temos um grupo de WhatsApp, ferramenta que todos usam e estão acostumados, para a comunicação mais dinâmica, fluida e ágil da comunidade. Para os novos membros, há uma mentoria inicial para se sentirem mais confortáveis e seguros ao entrarem na comunidade. Fazemos as trocas em um grupo de WhatsApp e organizamos as informações iniciais em uma trilha no Google Classroom. Lá, os novos membros têm temas para explorar como as boas-vindas com o Manifesto GEG, um conjunto de slides para preencherem com informações sobre eles, perguntas frequentes e dúvidas, identidade visual da comunidade, modelos editáveis para ações nas mídias sociais, dicas e modelos para organização de encontros locais com os educadores da região.

Temos um Google Groups para facilitar o envio de emails e conversas assíncronas dos líderes GEG que também servem de histórico das con-

COMUNICAÇÃO CONEXÕES	COLABORAÇÃO	CRIATIVIDADE
SITE: http://webheads.info Informações sobre as ações dos Webheads, quem eram, como se conectar com o grupo. **ENCONTROS E COMUNICAÇÃO DA COMUNIDADE** Um grupo de discussão no Yahoogroups que foi desativado e migramos para o Groups.io e para um grupo no Facebook. Havia encontros semanais aos domingos, que já foram em várias plataformas: Tappedin (descontinuada), ilha dos Webheads no Second Life, Elluminate (plataforma de webconferência), Hangouts on Air, YouTube, Google Meet, Zoom. **ACOLHIMENTO DE NOVOS MEMBROS** Formação BaW, Become a Webhead, durante o Electronic Village Online (5 semanas de interações e propostas de atividades, guiadas por facilitadores que já eram parte da comunidade).	As colaborações muitas vezes surgiam de conversas iniciadas no YahooGroups, que depois migraram para o Groups.io ou nos encontros de domingo da comunidade e se expandiam por diversas plataformas, dependendo do tipo de colaboração. Os membros iniciavam suas colaborações em: · Google Docs e outros editores de textos colaborativos · wikis · plataformas de webconferência · novas ferramentas digitais que surgiam e a comunidade queria testar	As produções e projetos da comunidades eram capilarizadas em diversas ferramentas e plataformas digitais, e os próprios membros registravam as iniciativas em: · blogs · sites · wikis · plataformas de repositórios de fotos, como o Flickr Havia também um esforço de agregar as ações entre membros no site dos Webheads, que se tornou um grande repositório e ainda de transformar os projetos em registros formais, como artigos acadêmicos e capítulos de livros.

versas. Elas ficam agregadas em forma de fórum na plataforma do Google Groups. As informações sobre os encontros online com os líderes GEG que ocorrem no Google Meet, plataforma de webconferência, ficam registrados em Google Docs nas pastas organizadas no Google Drive. Com essa organização, se houver qualquer alteração na liderança e gestão da comunidade, haverá todo o registro e histórico para as novas lideranças darem continuidade, sem fricção ou quebra, às atividades e ações da comunidade.

Para agregar as informações e os projetos da comunidade, temos um site que um grupo de mentores gerencia: http://gegbrasil.com.br. Nas mídias sociais (Instagram, Facebook, TikTok), nos comunicamos com a comunidade educacional como um todo, membros e não membros, e mantemos todos atualizados das novidades no GEG Brasil. No que tange à parte visual, fotos de eventos, encontros, formações, temos um álbum colaborativo no Google Fotos para cada ano.

VEJA AQUI!

LEIA AQUI!

Já o Blog <http://comunidadegegbrasil.blogspot.com> e o YouTube do GEG Brasil <http://youtube.com/gegbrasil> funcionam como canais de divulgação de boas práticas pedagógicas. Tornaram-se grandes repositórios dos conteúdos produzidos colaborativamente pelos membros da comunidade. É referência para professores de todo país.

ASSISTA AQUI!

Mais do que isso, é a memória e legado das aprendizagens e práticas do grupo.

Não há fórmulas ou receitas de bolo para a estruturação desses espaços de comunicação e colaboração da comunidade. O importante é criar uma arquitetura de fluxos de informação, conhecimento, conteúdos e conexões que faça sentido para todos os membros e que todos se sintam pertencentes, parte do processo. Pensar intencionalmente sobre sistematizações e curadoria fará com que os membros de uma comunidade tenham um espaço no qual se sintam à vontade para compartilhar, sejam reconhecidos por suas contribuições, desenvolvam suas capacidades por meio de experimentações e produções e percebam cada vez mais valor em estar em comunidade com a visão do todo, das conexões, colaborações e criações.

Redundância e espelhamento! Um aspecto importante na curadoria de uma comunidade

Ter um sistema de espelhamento e redundância das informações replicadas em mais de um site para ter a certeza de longevidade e continuidade do legado de uma comunidade é importante. Plataformas são descontinuadas, ferramentas digitais e apps somem. Então, crie uma arquitetura de gestão de conhecimento da comunidade que tenha redundância, espelhamento, que esteja em mais de um lugar. No site dos Webheads, por exemplo, no final da página, você verá que o site webheads.info tem 3 outros sites espelhos com a mesma informação. Não precisa ser dessa forma, mas garanta que conhecimentos e aprendizados importantes da comunidade estejam registrados e mantidos em mais de um espaço digital e com acesso de um grupo de pessoas, e não apenas uma.

Domí-nio

Ao experimentar e trocar, aprendo com o outro

"Temos um grande poder, quase ilimitado, que vem da ação coordenada e do reforço da comunidade. Conectados, somos muito mais eficazes do que cada um de nós agindo individualmente."

Seth Godin

Publicado em 2022, o livro *The Carbon Almanac* começa com as seguintes palavras de Seth Godin:

> Este é um livro sobre um tipo diferente de energia. A energia da esperança e da conexão. A capacidade que os humanos têm de resolver problemas e melhorar as coisas. Não é tarde demais para fazer a diferença. Mas vamos ter que nos apressar. Não podemos perder um momento discutindo sobre o tamanho do nosso problema ou lamentando o que costumava ser. Em

vez disso, podemos nos apoiar na esperança e nas conexões. A esperança que vem de perceber que não é tarde demais. Um grande poder, quase ilimitado, que vem da ação coordenada e do reforço da comunidade.

O mais especial do livro, além de sua abordagem sobre mudança climática e nosso papel cidadão sobre essa questão, é como ele foi desenhado e escrito. A 300 mãos, inicialmente. Seth conseguiu reunir em uma comunidade, com uma causa e missão comuns, mais de 300 voluntários, entre escritores, pesquisadores, designers, ilustradores, empreendedores, professores para escreverem e publicarem em tempo recorde o *The Carbon Almanac*. Seth conta que, ao final do projeto, eram mais de 1900 voluntários.

Depois da publicação do almanaque, a comunidade continua ativa com os voluntários atuando na sensibilização e mobilização sobre mudança climática com informações e ações locais, em várias partes do mundo.

Quando Seth fez o chamado para participação no livro, acompanhei o processo como curiosa sobre o projeto, sobre como o Seth mobilizava o grupo e o que resultaria dessa colaboração. Fui *voyeur*, *lurker*, como são conhecidos os membros de um grupo que estão por lá, estão aprendendo, absorvendo da experiência coletiva, mas não participando ativamente da construção do almanaque. Fui uma espreitadora para compreender o processo. E, desta vez, como não estava imersa e participante, consegui perceber esses elementos que tecem sentido e dão liga a um grupo de estranhos que trabalham nas horas vagas para criarem algo que tenha significado social e satisfação pessoal. Seth era o conector da rede de profissionais, deu o tom, a visão, e, a partir daí e descentralizadamente, foi criando a estrutura colaborativa para prover as condições para a tangibilização de uma ideia em um livro com lançamento mundial.

Tudo isso foi feito assincronamente, em diferentes fusos horários, com voluntários internacionais. Como se concretizou? Com a utilização de uma plataforma digital para a conexão das pessoas e sistematização dos processos, uma liderança, uma visão compartilhada e o ideal de um produto, um bem comum informativo de sensibilização e mobilização, um legado para a humanidade. Com um chamado para uma causa e uma mobilização coletiva, o *The Carbon Almanac* foi publicado.

Mas, na realidade, o que até hoje me fascina é o que move as pessoas a usarem seu tempo escasso para estarem em comunidade, cultivando relações e voluntariamente realizando atividades que, em muitos casos, poderiam inclusive ser remuneradas, como no caso do *The Carbon Almanac*. Certamente são várias as motivações e algumas até egoístas, como o uso da comunidade para autopromoção, mas prefiro focar no outro espectro. Uma das grandes forças de uma comunidade, além de tecer essas relações sociais mais próximas e tão necessárias para sairmos do isolamento e da solidão das nossas rotinas, relaciona-se à nossa busca por evoluirmos e nos desenvolvermos profissionalmente e pessoalmente. Estar em uma comunidade é oportunidade de trocas e aprendizagem coletiva por meio de experimentos, em um território seguro, de apoio.

Quando os nós sociais que unem uma comunidade vão se fortalecendo, abrem-se novos espaços e o convite para experimentações. Os membros aprendem juntos e têm a oportunidade de aplicarem seus aprendizados e novos conhecimentos, seja no conforto e segurança da própria comunidade ou estendendo esses novos domínios para seus ambientes profissionais ou pessoais.

O relatório da Mckinsey & Company de 2021 sobre o futuro do trabalho enfatiza o desenvolvimento de habilidades, competências e atitudes basilares para ajudar os profissionais a navegarem com fluidez agora e futuramente nos seus desafios, seja qual for o setor em que atuam, com o objetivo de:

- Adicionar valor além do que pode ser feito por sistemas automatizados e máquinas inteligentes
- Operar em um ambiente digital
- Adaptar-se continuamente a novas formas de trabalhar e a novas tecnologias

No estudo, a Mckinsey identificou 56 habilidades e atitudes fundamentais chamadas de DELTA (*Distinctive Elements of Talent*), elementos distintivos de talento, que ajudarão os profissionais a prosperarem. São tantas camadas para o desenvolvimento profissional que as instituições, com os programas de treinamento que oferecem, não conseguem, no modelo atual de educação e aprendizagem de adultos, oferecer um cardápio de aprendizagem que abranja todas essas habilidades e atitudes que as pessoas precisam dominar para o mundo do trabalho contemporâneo.

Veja a seguir o quadro dos 56 DELTAS (Distinctive Elements of Talent) em 13 grupos de habilidades e quatro categorias.

COGNITIVO

Raciocínio crítico

Resolução de problemas estruturada
Raciocínio lógico
Compreensão de vieses
Busca de informações relevantes

Planejamento e formas de trabalhar

Desenvolvimento de um plano de trabalho
Gestão do tempo e priorização
Pensamento ágil

Comunicação

Storytelling e oratória
Capacidade para fazer as perguntas certas
Poder de síntese
Escuta ativa

Flexibilidade Mental

Criatividade e imaginação
Tradução de conhecimento para os diferentes contextos
Adoção de perspectivas diferentes
Adaptabilidade
Habilidade para aprender

AUTOLIDERANÇA

Autoconhecimento e autogestão

Compreensão das próprias emoções e gatilhos
Autocontrole e autorregulação
Compreensão das próprias forças
Integridade
Automotivação e bem-estar
Autoconfiança

Empreendedorismo

Coragem e gerenciamento de riscos, impulsionando a mudança e a inovação
Energia, paixão e otimismo
Quebra do conformismo

Realização de metas

Propriedade e determinação
Orientação para a realização
Garra e persistência
Lidar com a incerteza
Autodesenvolvimento

INTERPESSOAL

Mobilização de sistemas	Desenvolvimento de relacionamentos
Ser exemplo, modelo de profissional Negociações ganha-ganha Criando uma visão inspiradora Consciência organizacional	Empatia Inspirar confiança Humildade Sociabilidade

Eficácia do trabalho em equipe	
Promoção da inclusão Motivar diferentes personalidades Resolução de conflitos	Colaboração Mentoria Empoderamento

DIGITAL

Fluência digital e cidadania	Uso e desenvolvimento de software
Letramento digital Aprendizagem digital Colaboração digital Ética digital	Letramento computacional Análise de dados e estatística Pensamento computacional e algorítmico

Compreensão de sistemas digitais
Letramento de dados Sistemas inteligentes Letramento de segurança digital Compreensão de tecnologias e capacitação

Fonte: Pesquisa do instituto global McKinsey & Company, 2021

Nesta complexidade de saberes e habilidades cada vez mais exigidos para que os profissionais atuem com competência em suas funções, as comunidades de aprendizagem e prática mostram-se um caminho potente para o desenvolvimento profissional. Imagine um *sandbox*, uma caixa de areia, como aquela que as crianças brincam em um parque. Imagine as comunidades sendo um *sandbox* nas organizações como espaço de experimentações coletivas, células de aprendizagem e experimentação contínuas. Nas comunidades, a causa, motivações pessoais de desenvolvimento, as conexões sociais já são um grande estimulante. Ter como resultado de participação, ainda que colateral, a ampliação do nosso repertório de habilidades, competências e atitudes é um ganho incrível.

Certamente, os membros da comunidade do *The Carbon Almanac* aprenderam tremendamente uns com os outros durante o processo de execução até a publicação do livro, nas trocas, e na liderança de Seth Godin e outros voluntários. Mesmo que em um primeiro momento não tenha sido a motivação inicial de participação no projeto, cada profissional envolvido teve algum tipo de ganho em termos de conhecimento, desenvolvimento pessoal e profissional e networking com profissionais de mais de 40 países. E o processo de aprendizagem coletiva da comunidade global não se encerrou depois que o livro foi lançado. Muitos voluntários continuam ativos e agindo coletivamente, aprendendo juntos, coletando dados e multiplicando as ações em vários países em torno da causa climática e dentro do mote "não é tarde demais" para cada um fazer a sua parte e salvar o planeta.

O que aprendi com os Webheads e com a experiência de facilitar sessões do Electronic Village e de coordenar depois o grupo de facilitadores do programa foi, de longe, uma das experiências profissionais mais práticas e profundas que vivi. Neste coletivo internacional, tive a oportunidade de participar de um verdadeiro laboratório de aprendizagem sobre desenho instrucional, moderação de cursos online e facilitação de experiências de aprendizagem. Foi o meu *sandbox*, minha caixinha de areia. Os Webheads me impactaram profissionalmente nas décadas seguintes em várias funções que assumi. Me sentia preparada para realizar projetos na área de educação à distância, com um olhar humanista e tecnológico, para criar experiências de aprendizagem relevantes para os estudantes e fazer a arquitetura pedagógica de vários projetos digitais. O início do desenvolvimento desse meu repertório de habilidades e competências e a minha atitude destemida de experimentos no digital teve início com os Webheads. Com o grupo, me sentia confortável em arriscar, experimentar, sem medo, sabendo que teria o apoio necessário de profissionais de várias áreas com expertise diversas.

Me lembro, por exemplo, que participei de umas sessões experimentais chamadas "Webcast Academy", de um grupo de Webheads, que me

fez desenvolver habilidades e competências técnicas para o que atualmente chamamos de podcast, streaming. Na época, era preciso muito mais conhecimento técnico para colocar um podcast no ar. E esse conhecimento, que fui desenvolvendo, experimentando com meus colegas Webheads, sob a liderança de alguns membros, me ajudou imensamente em transmissões ao vivo, gravações, encontros online e no Amplicast <https://amplifica.me/amplicastyt>, o podcast do Amplifica que rodamos atualmente a cada quinze dias.

OUÇA AQUI!

As comunidades de aprendizagem e prática proporcionam esse espaço de experimentos coletivos e descentralizados onde iteramos, convidamos colegas para testar com a gente, aprendemos, criamos e colaboramos em um ambiente de segurança em que falhar é visto como parte do processo. Na maioria das vezes, nas instituições onde trabalhamos, não temos este espaço para falhas ou testes em grupos multidisciplinares.

Queria, então, te fazer um convite para ver na prática como um grupo de educadores evoluiu de um simpósio a uma comunidade de aprendizagem e prática que tem testado, dentro dessa atitude *sandbox*, possibilidades das inteligências artificiais para a educação e o mundo do trabalho. Te apresento o ProfLab.

ProfLab, a comunidade na prática

> **"Não importa o volume, não importa o tempo que você precisou parar e talvez nem importe tanto assim o tipo de ambiente que você construiu para reunir as pessoas. O que parece importar de verdade é o grupo, ou seja, as pessoas. É na força das pessoas que constituem uma comunidade que deve estar o seu foco se você é responsável por mantê-la. Foque nisso e as mantenha sempre confortáveis e sempre perto de você. E lembre-se: uma comunidade leva você a outra. Estamos em rede."**
>
> Karla Vidal

Karla Vidal, comunicadora, designer e editora, começou o desenho do que chama hoje de Rede ProfLab quase dez anos antes de o programa de formações criativas para educadores tomar forma. Em 2006, Karla recebeu o desafio de ajudar a organizar um simpósio sobre hipertexto

e tecnologias na educação e, com base nas experiências de sua vida no interior, sabia bem que, para atrair pessoas, ela precisava mais do que informar. Tinha que estabelecer um diálogo, manter uma comunicação constante, ouvindo e interagindo, com as pessoas interessadas. Mapeou um grupo inicial, listou possíveis interessados entre as universidades de todo o país e iniciou um fluxo de comunicação baseado no envio constante de informativos curtos e esclarecimento de dúvidas. Fez também contato com a imprensa e apostou na mídia social do momento, o Orkut. Na plataforma, publicava informações sobre a divulgação científica e as abordagens mais interessantes dos trabalhos que foram recebendo para as apresentações do simpósio.

A partir desse movimento inicial de conversar com dezenas de pessoas diariamente por e-mail, Karla entendeu a importância de construir, e mais ainda, de manter uma rede de pessoas com interesses afins. O evento tomou forma e acontecia a cada dois anos. Nos intervalos entre uma edição e outra, Karla mantinha a comunicação com os inscritos e dobrou a aposta nas ferramentas digitais que surgiam para manter esse relacionamento. Compartilhava links, notícias e artigos científicos. Em 2008, Karla intensificou a ação no Orkut e ampliou a comunicação, lançando, inclusive, um website exclusivo para o evento.

Percebendo que a cada movimento mais pessoas eram atraídas para as redes e para o Simpósio, gerando resultados ainda melhores, Karla fi-

cou mais ousada. A designer havia entendido o poder que uma comunidade de pessoas engajadas em um determinado tema tinha e investiu nisso, na arquitetura de espaços que promovessem conexões com os participantes do Simpósio. Em 2010, a plataforma que mais crescia era o Twitter. Por meio dela, Karla conseguiu formar uma rede com mais de 1.500 seguidores, que ajudou a equipe do Simpósio a trazer o filósofo Pierre Lévy ao Brasil. Os números foram se ampliando a cada edição e o movimento de pessoas que retornavam ao evento também. Em cada rede social que surgia, a equipe criava uma presença digital para o evento que os ajudava a reunir a comunidade e estabelecer uma conexão diária. Em 2012, quando Karla e seu time participaram da organização do evento pela última vez, a página do Facebook reunia mais de 7.000 seguidores.

Mas algo inquietava o núcleo do time que organizava o Simpósio: Karla Vidal, Augusto Noronha, parceiro de projetos, e Alex Sandro Gomes, professor do Centro de Informática da Universidade Federal de Pernambuco e um dos coordenadores do evento. O que os inquietava era a falta de espaços para encontros constantes em que essa rede de pessoas pudesse se encontrar para experimentar tudo aquilo que era falado durante o simpósio. Um encontro a cada dois anos era muito pouco e a estrutura formal de um evento acadêmico não permitia movimentos que para eles eram cruciais, por exemplo, colocar a mão na massa.

Foi a Série Professor Criativo, cujos autores, em grande maioria, eram pesquisadores que participaram das edições do Simpósio, que deu pistas para Karla e à equipe de como poderiam promover trocas e engajar as pessoas para além do digital. Conversaram com os autores Alex Sandro Gomes e Paulo André da Silva, ambos parceiros desde as edições do simpósio, sobre a ideia de levar o livro *Design de experiências de aprendizagem*, da Série Professor Criativo, para uma experiência prática, em que pudessem receber os leitores num ambiente confortável para experimentos, erros, reflexões e acertos. Nascia assim a ideia de um projeto independente de formações criativas, que aconteceriam periodicamente na cidade do Recife.

O ProfLab nasceu a partir da rede de profissionais desenvolvida desde 2006 com trocas de e-mails para realização de um simpósio na universidade. O desafio do projeto era o desejo de ajudar a transformar a educação a partir do engajamento e da aprendizagem criativa pautada na ludicidade e no aprender fazendo (*learning by doing*). Nas formações, misturava-se design, tecnologia e criatividade para ajudar professores e professoras a desenvolver experiências de aprendizagem cada vez mais inovadoras e significativas.

Atuando em temporadas, o ProfLab foi crescendo e alcançando cada vez mais pessoas em formações. Entre 2015 e 2020, foram 328 horas de formações criativas que impactaram quase 1.000 pessoas. Essa rede de pessoas em constante movimento se ampliou com base numa estratégia

de comunicação e conexão híbrida que começou no digital e se consolidou nos encontros de formação. Ao longo de anos de trabalho, Karla, a equipe e os parceiros do ProfLab aprenderam que só conseguiriam alcançar o objetivo de constituir um ambiente confortável para promover a criatividade e a inovação na educação a partir do desenvolvimento de uma mentalidade de transformação que só se expande na construção de uma comunidade. Em 2020, as últimas formações presenciais do ProfLab aconteceram às vésperas do isolamento pela pandemia de covid-19, mas a comunidade não parou. Seguiram com ações online e mantendo as conversas semanalmente pelas redes sociais e nos grupos no WhatsApp. Como toda e qualquer comunidade, o ritmo de engajamento vai variando, às vezes com mais trocas do grupo e, outras, com períodos mais silenciosos. Como diz Karla Vidal:

Aí entra um outro ponto importante para se manter uma comunidade ativa: abrir a porta para a diversão. Onde não puderes brincar, não te demores. Esse é um dos nossos lemas remixando a Frida Kahlo.

A designer reconhece que a força que move e mantém viva a Rede ProfLab é o modelo híbrido com os encontros presenciais. É neles que a comunidade se sente segura e confortável para criar livremente, errando, questionando, refletindo e refazendo. E os espaços digitais do ProfLab não só formaram o alicerce da comunidade como continuam impulsionando seus membros a ir cada vez mais longe. A partir desse mix entre

encontros presenciais e digitais, os professores exercem seu poder criativo, como aprendizes, e desenvolvem novas habilidades e competências, ampliando suas redes de inteligência coletiva e multiplicando suas perspectivas sobre educação e práticas pedagógicas.

Desenvolvendo uma atitude sandbox para a aprendizagem

> **"A educação é o que as pessoas fazem por você. Aprendizagem é o que você faz por você mesmo. Foque em estar conectado, sempre aprendendo, totalmente consciente e presente."**
>
> Joi Ito

Mitch Resnick, professor e pesquisador no MIT Media Lab, vem concentrando os estudos em seu grupo de pesquisa, o Lifelong Kindergarten (jardim de infância ao longo da vida), em tecnologias e estratégias

pedagógicas para o desenvolvimento da aprendizagem criativa que tem como pilares os 4 Ps: **projetos**, **paixão**, **pares** e **pensar brincando**. O foco é em ajudar os educadores a fazerem a transição de uma forma de pensar as práticas na educação tradicional para um foco na aprendizagem criativa, conectada, condizente com o tempo em que vivemos e como aprendemos.

Nas comunidades de aprendizagem e prática para profissionais, podemos ir na mesma linha de Mitch Resnick dos 4 Ps e darmos uma pitada de brasilidade com Luciano Meira, professor, pesquisador e empreendedor. Meira aponta a necessidade de mudarmos o DNA da educação por meio do seu D3NA: **diversão**, **diálogo**, **desafio**, **narrativa** e **aventura**.

Tanto Resnick quanto Meira nos dão os indícios de aprendizagens que engajam, que trazem princípios da ciência da aprendizagem casadas com uma visão contemporânea do que precisamos ter domínio, aprender. E fazendo a conexão entre os dois, pensando em comunidades de profissionais, adultos, que devem e precisam aprender ao longo da vida para se manter relevantes, tendo um propósito e buscando a evolução pessoal e profissional contínua, podemos resumir na ***ATITUDE SANDBOX*** de aprendizagem. Essa atitude que estou chamando de *SANDBOX*, e que tenho visto fazer toda a diferença para um salto qualitativo na forma como os membros de uma comunidade se relacionam, se elevam, se

impulsionam em projetos pessoais e profissionais, se dando a chance de ir para outro lugar de desenvolvimento, tem como pilares a:

- **colaboração** — Aprendizagem por pares em processos colaborativos, descentralizados
- **diversidade de caminhos possíveis para o desenvolvimento profissional** — Que requer uma autogestão da aprendizagem, os caminhos que fazem sentido seguir rumo ao desenvolvimento de novas competências e habilidades
- **experimentação** — Espaços de aprendizagem em que falhas e erros são partes integrantes do processo, em um círculo virtuoso e com segurança psicológica para a aprendizagem
- **diversão** — No sentido de encantamento, surpresa, estímulo à curiosidade, com uma perspectiva dialógica, investigativa, em teste de hipóteses

Os membros que cultivam e desenvolvem essa **atitude *sandbox*** acabam estimulando, dentro da comunidade, e, muitas vezes, com efeitos também perceptíveis fora dela, em outras esferas de convivência, uma cultura de aprendizagem contínua, ágil, enriquecedora e de valor.

Mas como promovemos essa cultura de aprendizagem? Eu diria que as formas são ilimitadas, e, como um *sandbox*, os próprios membros

vão puxando oportunidades para se relacionarem e se desenvolverem que muitas vezes vão além do que as lideranças de uma comunidade de aprendizagem e prática imaginaram e lançam como proposta para o grupo. Se a comunidade tem um modelo distribuído, não centralizado, em que as pessoas se sentem confiantes para iniciarem projetos colaborativos de desenvolvimento, o ciclo virtuoso de geração de valor que tenho mencionado aqui desde o início vai se ampliando.

Na prática, ideias para a aprendizagem colaborativa na caixinha de areia

"Estou sempre esperando organizar um ecossistema onde as pessoas formem conexões de afinidade de forma que, quando o curso terminar e eu for embora, as conversas e o aprendizado continuem."

Dave Cormier

Em 2014, surgiu o experimento **#Rhizo14**, iniciado por Dave Cormier, professor, educador, autor. Dave tinha inicialmente planejado um MOOC, um curso aberto e gratuito onde qualquer profissional no mundo poderia se inscrever. Nas palavras do próprio Dave, o objetivo inicial era aperfeiçoar e desenvolver o pensamento em torno de seu trabalho de anos com aprendizagem rizomática:

> No fundo, eu esperava que 40 ou 50 pessoas aparecessem no curso e que no final ainda houvesse um punhado de pessoas interessadas na discussão. Achei que seria uma boa oportunidade para eu juntar o trabalho que tinha feito e torná-lo melhor do que era antes.

A intenção do educador era a de que, de alguma forma, um pequeno grupo que tivesse participado do curso fosse aos poucos se transformando em uma comunidade. O **#Rhizo14**, inicialmente com o nome "Rhizomatic Learning – The community is the curriculum" (Aprendizagem rizomática — "A comunidade é o currículo"), foi uma das experiências de aprendizagem em comunidade mais incríveis que já vi. Dave explica em uma postagem em seu blog que, primeiramente, tinha tido uma visão totalmente instrucionista da proposta, com proposições de leituras, mas

que, depois de discussões com colegas, entendeu que faria mais sentido trazer para o grupo que se formava um tema e uma pergunta semanal e deixar que a própria comunidade — com cerca de 500 educadores (não, não foram apenas 40 como Dave inicialmente achava que teria) — trouxesse suas múltiplas perspectivas. Foi exatamente isso que aconteceu. As conexões foram se formando de forma distribuída, subgrupos se conectaram, orbitando em volta de temas de interesse e afinidades. Dave apenas orquestrava com a pergunta disparadora da semana e um encontro online com o grupo. E como ele mesmo disse:

> A comunidade tornou-se seu próprio rizoma, no sentido de ter criado espaço para a coexistência de múltiplos pontos de vista em diferentes níveis de discussão.

As seis semanas inicialmente propostas se multiplicaram ao longo do tempo com a própria comunidade gerando novas oportunidades de discussão e aprendizado social, coletivo e conectado. Em uma conversa online com Vanessa Gennarelli na P2PU Talks, Dave fala da experiência da **#Rhizo14** como a possibilidade das pessoas estarem em comunidade para expandirem perspectivas e visões, e renegociar seu próprio conhecimento. A experiência de aprendizagem criou um espaço coletivo para

que uma comunidade de profissionais tivesse controle do seu próprio aprendizado, o que queriam explorar e como queriam aprofundar suas conexões com pessoas, conteúdos e ideias para criarem conhecimento. Um exemplo perfeito de ATITUDE SANDBOX tanto do Dave como moderador, que acabou orquestrando um espaço que permitiu experimentos de trocas entre a comunidade tendo um tema e uma pergunta disparadora por semana, quanto dos membros, que se apropriaram dos temas para explorarem por diversos ângulos e mídias.

Quando falo de domínio, é aí que está o grande potencial das comunidades, criar esse espaço seguro para trocas que geram novos sentidos e aprendizados, ampliando o repertório de competências e habilidades que vão sendo tecidas e moldadas nas experiências coletivas.

Como criar oportunidades de experimentação para desenvolvermos nos profissionais essa ATITUDE SANDBOX?

Há formas infinitas. O importante é os líderes das comunidades iniciarem algumas provocações nesta direção e dar também espaço para que os membros se apropriem da ideia e busquem os modelos de evolução e crescimento pessoal e profissional que façam sentido para o grupo. É essencial também ficar claro que pode haver projetos que se tornam programas mais de longo prazo ou, como numa boa caixa de areia, ações que são pontuais com tempo determinado para começar e acabar.

Na próxima página, algumas ideias para você testar na sua caixinha de areia, espaço de experimentação, com a sua comunidade, e depois extrapolar de outras maneiras.

Menu de Ideias

PARA O DESENVOLVIMENTO DE HABILIDADES, COMPETÊNCIAS E ATITUDES NA COMUNIDADE

CRIE UMA SÉRIE DE ENCONTROS COM TEMAS ESPECÍFICOS QUE PODE TER CONVIDADOS ESPECIALISTAS NA CONDUÇÃO OU MEMBROS DA PRÓPRIA COMUNIDADE.

DESENHE UM ENCONTRO ANUAL PARA TODOS OS MEMBROS DA COMUNIDADE. O ENCONTRO PODE SER PRESENCIAL, ONLINE OU HÍBRIDO. NO ENCONTRO, PROMOVA MOMENTOS DE CONEXÃO ENTRE MEMBROS EXPERIENTES E RECÉM-CHEGADOS, DISCUSSÕES DE TEMAS RELEVANTES PARA O GRUPO, WORKSHOPS CONDUZIDOS PELOS PRÓPRIOS MEMBROS.

FAÇA UM PERÍODO DE DESAFIOS NO GRUPO, LANÇANDO PROVOCAÇÕES NOVAS EM OCASIÕES DETERMINADAS, POR EXEMPLO, SEMANALMENTE, OU UMA SEMANA/MÊS COM UM DESAFIO POR DIA. UM ÓTIMO EXEMPLO DESTE MODELO É O DA SHELLY TERRELL, PROFESSORA, AUTORA E PALESTRANTE, QUE EM 2014 LANÇOU O ***30-DAY CHALLENGE GOALS: SMALL STEPS TO TRANSFORM YOUR TEACHING AND LEARNING TO GO***.

(*DESAFIO DOS 30 DIAS DE OBJETIVOS: PEQUENOS PASSOS PARA TRANSFORMAR SEU ENSINO E APRENDIZAGEM*). SHELLY COMEÇOU O PROJETO PORQUE PERCEBIA A DOR DOS PROFESSORES COM SUAS PRÁTICAS PEDAGÓGICAS DIÁRIAS E QUERIA AJUDÁ-LOS A ENCAMPAREM PEQUENAS MUDANÇAS QUE FIZESSEM A DIFERENÇA NO DIA A DIA DA SALA DE AULA. COMEÇOU COMO ALGO PEQUENO, QUE SE TRANSFORMOU EM UMA COMUNIDADE DE PRÁTICA E APRENDIZAGEM COM MILHARES DE PROFESSORES COMPARTILHANDO DICAS E PARTICIPANDO DOS DESAFIOS. CONFIRA O VÍDEO COM O RELATO DA AUTORA: HTTPS://YOUTU.BE/ZJ1XNJ6O51G.

•••Ж•••

CRIE UM DIA ESPECIAL DA COMUNIDADE. POR EXEMPLO, QUANDO EU GERENCIAVA A COORDENAÇÃO DE INOVAÇÃO DE UMA INSTITUIÇÃO, CRIAMOS O "SEXTAS CRIATIVAS". TODA SEXTA-FEIRA, A EQUIPE SE REUNIA POR UMA HORA, COM A CONDUÇÃO DE UM DOS MEMBROS DA EQUIPE, QUE FAZIA UMA ATIVIDADE PARA DESENVOLVER NOSSA CRIATIVIDADE E AMPLIAR PERSPECTIVAS. ERA DIVERTIDO E TINHA MUITO APRENDIZADO, ALÉM DE CADA UM TER QUE ESTUDAR E PREPARAR UM TEMA PARA COMPARTILHAR COM OS OUTROS COLEGAS.

•••Ж•••

DESENHE COM A COMUNIDADE UMA TRILHA FORMATIVA SOBRE DETERMINADO TEMA.

OFEREÇA LEARNING LABS: VÁRIOS TEMAS EM FORMA DE TRILHAS FORMATIVAS EM QUE OS MEMBROS SE INSCREVEM PARA PARTICIPAR DE ACORDO COM O SEU INTERESSE OU NECESSIDADE DE DESENVOLVIMENTO.

SUGIRA UM #DEUMATCH:
CRIE OPORTUNIDADES PARA QUE MEMBROS OU SUBGRUPOS DENTRO DA COMUNIDADE POSSAM FAZER PROJETOS COLABORATIVOS.

ORQUESTRE MEETUPS REGIONAIS:
MEMBROS DA COMUNIDADE ORGANIZAM ENCONTROS LOCAIS PARA TROCAS E APRENDIZAGENS. ESSES ENCONTROS PODEM SER APENAS PARA OUTROS MEMBROS OU ABERTOS.

INCENTIVE GRUPOS DE ESTUDO, CLUBES DO LIVRO, GRUPOS DE DEBATES.

INICIE UMA SÉRIE DE VÍDEOS PARA A COMUNIDADE FEITO PELA COMUNIDADE (CONFIRA O EXEMPLO DO GEG ON AIR: HTTPS://YOUTUBE.COM/PLAYLIST?LIST=PLZDZASUIQ4_9U7PP1WWZVTTZH21WFYDBF).

CONFIRA!

TENHA UM CONVIDADO DA SEMANA: UM CONVIDADO ASSUME UM TEMA E AS DISCUSSÕES DA COMUNIDADE POR UMA SEMANA NO FÓRUM, MÍDIAS SOCIAIS OU PLATAFORMA DE COMUNICAÇÃO DA COMUNIDADE.

ESTABELEÇA PARCERIAS COM INSTITUIÇÕES PARA CERTIFICAÇÕES ESPECÍFICAS.

Ao ajudarmos os membros de uma comunidade a desenvolver essa **ATITUDE SANDBOX** e deixá-los mais donos de suas próprias jornadas de aprendizagem, criando uma cultura do "se joga e experimenta", esses profissionais que embarcam no convite vão ficando mais ousados em suas propostas de desenvolvimento, se conectam com ainda mais pessoas, começam a autogerir seus caminhos de busca de conhecimento e desenvolvimento de novas habilidades, e isso tem impacto visível em outras áreas da vida deles, inclusive na performance e prontidão para o trabalho que fazem. Já vi muitos serem promovidos, mudarem de área, tornarem-se consultores. É a ampliação do horizonte profissional impulsionada pelo aprendizado social e conectado.

Atitude Sandbox

Desenvolvendo uma cultura de experimentação na comunidade

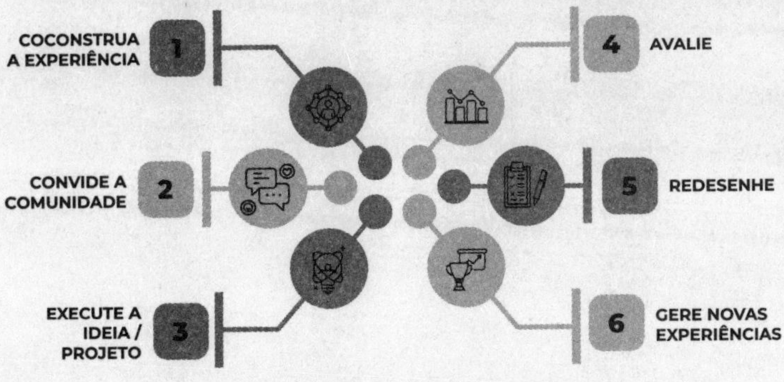

Comunidade

Os desafios e caminhos de uma comunidade

> **"O maior valor que a comunidade traz é a colaboração, em seu sentido mais completo. Não se trata de uma colaboração passiva, unidirecional ou apenas de anuência, mas uma colaboração crítica e criativa. É um grupo que está aberto a sugestões, críticas, oferece insights valiosos, faz sugestões de melhorias e permite que cresçamos não apenas como professores mas como seres humanos."**
>
> Mariana Reis Mendes

Cultivar uma comunidade é recompensador. Ver os participantes de uma comunidade florescerem em seus talentos, serem reconhecidos, terem voz participativa é extremamente emocionante e gratificante para qualquer líder. Por outro lado, os desafios de lidar com gente são inerentes ao processo. E não são poucos. Tenho sempre a visão otimista de comunidade e acredito, quase que ingenuamente, no poder do coletivo para transformarmos nossos mundos e o mundo, um pequeno movimento de cada vez.

Em um mundo cada vez mais polarizado e com pessoas sem bom-senso e discernimento, uma comunidade pode se tornar um espaço de embate de egos, de territorialidade, autopromoção e de falta de sensibilidade e empatia com o outro. Como mantemos conexões e relações saudáveis em espaços de coletividade e colaboração e neutralizamos *trolls*, pessoas que não estão alinhadas com a proposta e o propósito da comunidade? Este é certamente um grande desafio que qualquer líder tem que considerar, já pensando em medidas de contenção. Tratamos ao longo do livro de alguns aspectos na construção da comunidade que ajudam a começar e ter bem claros os princípios e manifestos, os acordos.

Quando uma comunidade desenvolve uma identidade própria e tem as regras do jogo bem estabelecidas, questões com membros dissonantes ficam mais fáceis de serem resolvidas e, em muitos casos, há uma autorregulação do próprio grupo. Lidar com seres humanos implica ter prontidão para tratarmos de casos complexos, um a um, com assertividade e sem deixar que uma pessoa ou caso isolado contamine negativamente o grupo. Ao longo da minha jornada na gestão de comunidades, já passei por algumas saias bem justas. O importante é enfrentar as questões que surgem no grupo com firmeza, maturidade, e, principalmente, com uma escuta ativa e mente aberta para entender a questão e avaliar a melhor forma de conter danos e dialogar com os membros da comunidade.

Nesta direção, em uma conversa que tive com Dave Cormier <amplifica.me/davecormier>, idealizador da **#RhIzo14**, ele me falou de um novo experimento que está desenhando em relação a comunidades, mas pensando muito mais em "*brave spaces*", espaços de coragem, com acordos entre as pessoas sobre os contornos de diálogos difíceis voltados para temas como justiça social, raça, poder, privilégio e outros tópicos sensíveis em suas várias e intrincadas camadas. Um espaço de coragem, onde há um incentivo à expressão das pessoas, à vulnerabilidade, a uma ampliação de perspectivas e empatia, mas com as orientações definidas pelo grupo para um diálogo rico, profundo e respeitoso das diferentes opiniões e visões. Nesse "contrato social", que é criado nos espaços de coragem, as pessoas também podem sair da conversa quando acharem que devem. Falamos aqui de espaços de segurança na comunidade, mas os espaços de coragem, de abertura para conversas em que a controvérsia faz parte do contexto, é algo a ser pensado e construído na coletividade de modo que a gente evolua para além da agressão, da violência, de preconceitos. É trazer de forma tangível para todos os termos de engajamento das pessoas na comunidade. Incorporar o conceito de espaços de coragem faz parte de um caminho natural de estarmos juntos para resolvermos problemas, falarmos sobre as questões sociais que precisam ser abordadas e buscarmos a paz, em suas várias dimensões, em um ambiente inclusivo que eleva as conversas nas diferenças do grupo.

Um segundo desafio no cultivo de comunidades, mas esse dos bons, é a busca contínua por engajamento dos membros. Realmente não acredito que uma comunidade de aprendizagem e prática seja totalmente autogerida. Falamos muito da importância das lideranças, e quem está lá puxando o bonde tem que estar sempre atento(a) aos sinais, às possibilidades de algum tipo de ação e movimento. As pessoas querem se relacionar, trocar experiências, aprender, experimentar, mas, para que a mágica aconteça, precisamos de maestros, indivíduos que estejam orquestrando constantemente essa arquitetura das conexões para o engajamento, com um pensamento estratégico e intencional dentro da proposta da comunidade. É preciso compreender, no entanto, que, em uma comunidade, o nível de engajamento oscilará entre os membros, e tudo bem! Alguns serão os eternos *lurkers*, estão sempre de olho, aprendendo com os outros, mas não se manifestam, outros terão participações mais esporádicas dependendo do tema, nível de interesse e disponibilidade. Outros terão participação mais ativa e continuada, os 30% (uma métrica quase científica!), aqueles que serão mais atuantes, iniciando projetos, propondo trocas e compartilhando.

Um último ponto que gostaria de deixar aqui como desafio na gestão de comunidades é o das métricas de sucesso. É importante uma perspectiva analítica com dados para entendermos onde estamos e para onde vamos. Mas será que medir o número de participantes ativos em uma comunidade deveria ser uma métrica? E como "ativo" é definido? O **ROI** de uma comunidade, o Retorno sobre o Investimento como conhecemos no mundo dos negócios, é muito mais intangível e vai muito além do que dados quantitativos podem mostrar. É claro que podemos pensar na evolução da comunidade em relação à quantidade de membros que aderiram ao longo dos anos, projetos desenvolvidos, números de encontros locais etc., mas o poder transformador de uma comunidade na vida de um profissional vai muito além das medidas numéricas. Ela se traduz em bem-estar e sentimento de pertencimento, ela se reflete em relações mais saudáveis e de valor, evolução profissional com o desenvolvimento de novas habilidades e competências, ela se reflete nas mudanças de carreira de seus membros. Então, para termos uma visão mais analítica e factual de uma comunidade, é preciso contar sua história, mostrar seu legado e, a partir daí, entender quais métricas de sucesso fazem sentido para seus membros.

Os caminhos para cultivarmos comunidades saudáveis e que gerem valor estão no dar voz a seus membros e na celebração das diversidades, nos encontros de causas comuns para um movimento de crescimento individual e coletivo. Juntos, aprendemos, construímos significados e nos tornamos mais capazes de realizarmos sonhos, tirarmos ideias do papel, fazermos projetos coletivos e de impacto.

Um convite

Se você quiser continuar esta conversa que iniciamos no livro, vem ficar pertinho da gente na Comunidade Amplifica. Teremos o maior prazer em abrirmos nosso espaço para o diálogo, trocas e aprendizados em um círculo coletivo de confiança e coragem. Venha: amplifica.me/comunidade.

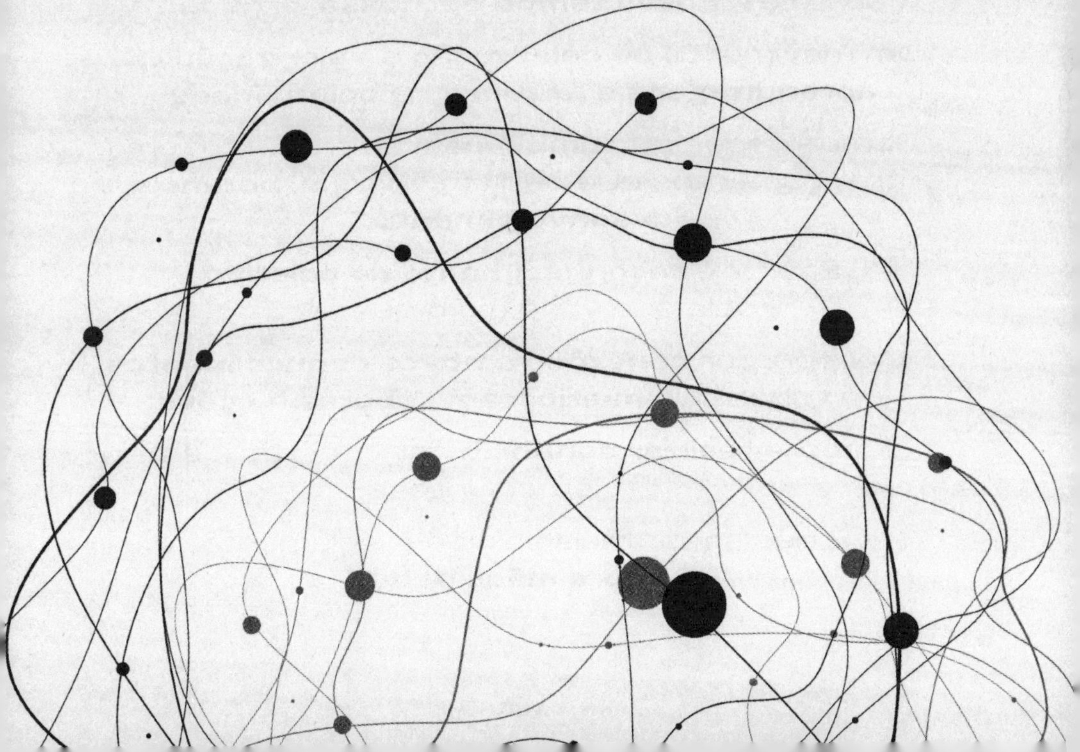

MANIFESTO PARA

Comunidades Impulsionadoras

Este é o **nosso tempo** e a **nossa jornada**.

Um movimento de **celebração** e **valorização** de **aprendizagens** e **práticas** na **coletividade**.

Comunidades que **amplificam** se traduzem em entrelaçamentos que nutrem **energia**, **potência** e **desenvolvimento**.

É valor e **reconhecimento do coletivo** pelo que você é e o que faz.

É transbordar **conexões** e **novos conhecimentos** em tribos que **multiplicam saberes** e **ações**.

É sobre **realizar sonhos** e dar concretude a projetos, juntos.

É não sentir mais solidão e isolamento.
É sobre mãos dadas.

Comunidades que inspiram nos dão a **coragem** de **trilhar novos caminhos** ou mantermos a mesma direção, revigorados, olhando para frente e para o outro.

É **reconhecer** as **fortalezas** de cada um na diversidade, **celebrando** cada pequeno **avanço**.

Comunidades que acolhem nos despertam para novas dimensões de realização pessoal e profissional. É **vibração** e **pulsação**, **inteligência humana** e **coletiva** com o potencial de **transformar mundos**, o meu, o seu, o nosso.

Em comunidades de aprendizagem, exercemos nossas **escolhas** e praticamos atos de **generosidade** conosco e de volta para o mundo.

Sigamos. **Convide alguém**. **Decida liderar**. Movimente-se, faça algo que não esteja em um manual de instruções. Comece hoje, comece agora. **Eu, você, nós em comunidades**.

A inquietude que nos une

Samara Brito

Co-fundadora do Amplifica e Tá Pronto

Olá, prezadas leitoras e leitores,

Chegou a minha hora! Após essa jornada enriquecedora ao lado da Carla como sócia e amiga, tive a honra de ser convidada para ler e compartilhar algumas reflexões finais sobre as valiosas lições e estratégias compartilhadas por ela nesta obra.

Gostaria de começar celebrando, que tal pegar um vinho e junto comigo fazer um brinde à autora? Carla não apenas nos presenteou com seu vasto conhecimento, mas também nos proporcionou um verdadeiro roteiro para **cultivar comunidades vibrantes e transformadoras**. Essa é a essência dessa educadora e empreendedora, estudar, estudar, estudar, aprender e compartilhar. Ficamos aqui na torcida para que este seja apenas o primeiro livro que ela nos apresenta.

Agora quero ressaltar o **checklist para líderes** que ela oferece. Incrível como ele não é uma receita pronta, mas sim um arcabouço para que possamos pintar com as cores de nossa própria experiência e contexto. A leitura do livro nos leva a transcender limites, demonstrando que é possível reinventar-se mesmo em meio a um oceano de incertezas.

E a experiência de Carla com as **wikis** na Casa Thomas Jefferson? Me lembro da primeira vez que ela compartilhou comigo essa história. Foi como encontrar água no deserto. Uma arquitetura social onde cada gota de colaboração alimenta um oásis de conhecimento. É sobre isso que ela fala o tempo todo: **o poder da colaboração e do compartilhamento em uma escala que apenas as tecnologias atuais podem proporcionar**.

Outro ponto que me chamou bastante atenção, cara leitora e caro leitor, foi a proposta da **metodologia 3C+D** que se desdobra – Contexto, Conexão, Curadoria e Domínio. São os quatro pilares que sustentam uma comunidade genuína, daquelas que você sente pulsar, que têm vida e que fazem a diferença na vida das pessoas.

Carla nos fala sobre as famosas **técnicas de guerrilha**, e, ao longo dos anos em que eu a acompanho nessa caminhada, digo e repito: é exatamente disso que precisamos! Engajar pelas margens, pelas beiradas, acender a chama daqueles que anseiam por fazer parte, por **mudar o mundo**. E quando ela narra sobre seus projetos anteriores e sua evolução, é a prova de que, com ação e paixão, o **Tá pronto** <http://jatapronto.com.br>, nosso mais recente empreendimento, é apenas o começo de uma jornada incrível.

Quanto à **curadoria**, Carla nos mostra que é **muito mais do que organizar informações**. É criar um ecossistema onde cada membro se sente parte essencial de algo maior, onde cada contribuição é um tijolo na construção do todo.

E, certamente, quanta **referência** valiosa ela traz. Carla é um poço de citações com amplo repertório acadêmico. Desperta em nós uma vontade pulsante de aplicar tudo isso na prática. E o mais fascinante é que ela não se limita à teoria; são exemplos práticos, do dia a dia e que nos fazem pensar: "Uau, isso é possível!"

Agora, preciso falar sobre o **Amplifica** <http://amplifica.me>. O que dizer? O livro e nossa missão enquanto empreendedoras estão tão alinhados que parecem feitos um para o outro. Despertar talentos, trabalhar em comunidade e elevar uns aos outros – tudo isso é o que respiramos todos os dias e o que encontramos nas páginas que acabamos de devorar.

Ao finalizar a leitura desta obra, sinto-me não apenas mais confiante para ser uma **puxadora de comunidades**, mas também energizada para fazer parte dessa rede de transformação. É nessa troca, nesse dar e receber voz, nessa celebração da diversidade que crescemos juntos, realizamos sonhos e, quem sabe, **mudamos o mundo**.

Portanto, minhas caras, e meus caros, que tal pegar essas ideias e fazer a nossa parte? Vamos cultivar nossas comunidades, construir novas, conectar ideias e talentos, e, juntos, criar uma onda de impacto positivo que transcenda as páginas deste livro.

Eu tô pronta e vocês?

Com carinho,

Samara Brito

Quer manter a conexão com a Carla e temas relacionados com Comunidades? Inscreva-se na newsletter do #1PXO

https://1pxo.beehiiv.com/subscribe

Série do Amplicast sobre Comunidades

Uma série de entrevistas que Carla e Samara fizeram com especialistas da área, puxadores de comunidade.

https://amplifica.me/amplicastcomunidades

Série Confissões de uma Puxadora de Comunidades

Histórias e reflexões complementares ao livro que a Carla revela de forma intimista, em uma conversa com você, leitor(a).

amplifica.me/confissoes1pxo

Conheça o trabalho que gerou muitos dos conhecimentos e aprendizagens sobre comunidades que deram origem ao livro

linkedin.com/company/amplificaoficial

jataponto.com.br

Esta obra foi produzida pela mapa lab no verão de 2024.
O miolo foi impresso em papel polen bold 90 g/m²
usando as fontes e Fira Sans, Roc Grotesk e Rockwell.